日本全国 開運神社 このお守りがすごい！

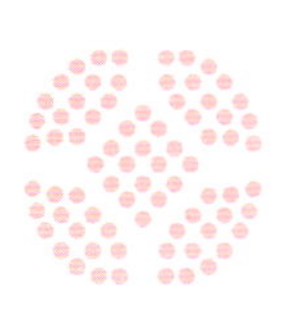

はじめに

私はIT企業を経営しながら、神職団体の理事を務め、

「お守り研究家」としてテレビに出演したり、本を出版したりしています。


昨今の神社・パワースポットブームもあり、テレビや雑誌の取材で、

「お守りを持つことをおすすめする理由は何ですか？」

「お守りを持って願いがかないますか？」など、
お守りに関する質問を受けることが多くなりました。

その質問に対し、私はこう答えます。


「お守りの力を信じてください」

「願いは、かないます」


では、なぜ、かなうのでしょうか？

人類は、神に祈り、願うことで、災厄を除け、
発展してきたという歴史的事例がたくさんあり、
祈りが病気の治癒等に効果があることが、
科学的に解明されてきました。
そして、この祈りは、日本における神仏への風習そのもの。
日本人は、古来、神様の存在を身近に感じ、
その存在をお守りという形で具現化させ、肌身離さず持つことで、
神様とつながり、ご加護を実感してきました。

そして、私の経験からも、お守りで願いはかなうと思います。
私は子どもの頃から、神社やお守りが大好きでした。
そんな私は、小学生の頃から経営者になりたいと願っていました。
大学ではアメリカに留学し、日本から離れることで、
より強く神社やお守りに惹かれるようになりました。
そして、帰国後、会社を設立。その頃から本格的に神社に通いだしました。
それから、リーマンショックや東日本大震災などの経済・社会状況の
変化があっても、会社はまったくといっていいほど影響を受けず、
トラブルもありません。同業者はダメージを受けていたにもかかわらず……。
おかげさまで家庭も円満です。

日々、経営者仲間や全国の神社の方と話をするなかで、
すてきなお守りが自然と集まるようになり、いつの間にか700体を
超えるほどになりました。本書では、私のコレクションから、
御利益があると実感するお守り、日本古来のお守り、珍しいお守りなど、
全国各地から選りすぐり、ご紹介します。
また初心者の方でも神社に親しんでいただけるよう、
神社の見どころや一生使えるような神道の知識をたくさんちりばめました。

お守りの世界は実に深淵です。
もちろん本書掲載のお守りを全部集める必要はありません。
ぜひお守りを通じて、神様とつながり、
願いをかなえていただきたいと思います。

持ってる人から願いがかなう！

日本全国 開運神社 このお守りがすごい！

002 ● はじめに

006 ● 日本全国 開運神社 マップ

008 ● 日本全国 開運神社 INDEX

第一章 神社のお守りの世界にようこそ

010 ● ゼッタイ頂きたい このお守りがとにかくすごい！

- 中津川さんイチオシ最強お守り10
- すごい御利益のお守り
- すごいかわいいお守り
- すごい珍しいお守り

016 ● お守りの基本Q&A

019 ● 境内と本殿様式

020 ● 神社の参拝方法とお守りの頂き方

022 ● 神社の基本情報教えます

024 ● 知っておきたい『古事記』と神様

第二章 日本全国すごいお守りの頂き方リアルレポート

030 ● 三峯神社（埼玉）

034 ● 日枝神社（東京）

038 ● 大宮八幡宮（東京）

039 ● 芝大神宮（東京）

040 ● 小國神社（静岡）

042 ● 熱田神宮（愛知）

044 ● 住吉大社（大阪）

046 ● サムハラ神社（大阪）

047 ● 玉置神社（奈良）

048 ● 石上神宮（奈良）

050 ● 【番外編・神仏習合のお寺で頂く特別なお守り】櫻本坊（奈良）

079 ● 盛岡八幡宮（岩手）／太平山三吉神社（秋田）

080 ● 真清田神社（愛知）／若宮八幡社（愛知）

081 ● 二見興玉神社（三重）／多賀大社（滋賀）

082 ● 須賀神社（京都）／西照神社（徳島）

083 ● 武雄神社（佐賀）／波上宮（沖縄）

085 〜金運〜

086 ● 虎ノ門 金刀比羅宮（東京）

087 ● 地主神社（京都）

088 ● 伏見稲荷大社（京都）

089 ● 今宮戎神社（大阪）

090 ● 西宮神社（兵庫）

091 ● 大峯本宮 天河大辨財天社（奈良）

092 ● 熊野本宮大社（和歌山）

093 ● 鷲子山上神社（栃木）／秩父 聖神社（埼玉）

094 ● 鷲神社（東京）／小網神社（東京）

095 ● 宝田恵比寿神社（東京）／宇倍神社（鳥取）

097 〜美容・健康運〜

098 ● 廣田神社（青森）

099 ● 神田神社（東京）

100 ● 宗像大社（福岡）

101 ● 赤城神社（群馬）／白山比咩神社（石川）

102 ● 京都大神宮（京都）／わら天神宮（敷地神社）（京都）

103 ● 石切劔箭神社（大阪）／白崎八幡宮（山口）

105 〜仕事・学業運〜

106 ● 鹿島神宮（茨城）

107 ● 秩父神社（埼玉）

108 ● 椿大神社（三重）

第三章　御利益別！　開運神社のすごいお守り

053　〜総合運〜
054　武蔵一宮　氷川神社（埼玉）
055　大國魂神社（東京）
056　明治神宮（東京）
057　元神明宮（東京）
058　戸隠神社（長野）
059　秋葉山本宮秋葉神社（静岡）
060　富士山頂上浅間大社奥宮／富士山本宮浅間大社（静岡）
061　吉田神社（京都）
062　生國魂神社（大阪）
063　吉備津神社（岡山）
064　高千穂神社（宮崎）
065　霧島神宮（鹿児島）
066　西野神社（北海道）／伊佐須美神社（福島）
067　寶登山神社（埼玉）／若泉稲荷神社（埼玉）
068　大山阿夫利神社（神奈川）／清洲山王宮　日吉神社（愛知）
069　車折神社（京都）／金刀比羅宮（香川）
070　大山祇神社（愛媛）／青井阿蘇神社（熊本）
071　〜縁結び〜
072　出羽三山神社（羽黒山）（山形）
073　東京大神宮（東京）
074　新田神社（東京）
075　越中総鎮守一宮　射水神社（富山）
076　貴船神社（京都）
077　野宮神社（京都）
078　春日大社　夫婦大國社（奈良）
109　太宰府天満宮（福岡）
110　志波彦神社　鹽竈神社（宮城）／箭弓稲荷神社（埼玉）
111　鶴岡八幡宮（神奈川）／三嶋大社（静岡）
112　宇賀多神社（三重）／近江神宮（滋賀）
113　日本最古　生身天満宮（京都）／白峯神宮（京都）
114　大山神社（広島）／宇佐神宮（大分）
115　番外編　〜レアお守り〜
116　城南宮（京都）
117　善知鳥神社（青森）／玉前神社（千葉）
118　浅草神社（東京）／亀戸天神社（東京）
119　素盞雄神社（東京）／馬橋稲荷神社（東京）
120　寒川神社（神奈川）／金崎宮（福井）
121　伊奈波神社（岐阜）／日根神社（大阪）
122　堀越神社（大阪）／土佐神社（高知）
124　あとがき

お守り神社 Column

028　コラム　厄払い完全ガイド
052　コラム　初めてでもツウになれる参拝Tips
084　コラム　御祈祷ベスト10
096　コラム　神棚を祀ろう
104　コラム　オススメの神社はこちら
123　コラム　大祓のすすめと大祓詞

本書をご利用になる皆さんへ

- 本書ではお札を含む授与品や縁起物、絵馬などを、わかりやすいようにお守りと表記しています。
- 本書に掲載の神社はすべて写真・お守りの掲載等許可を頂いています。掲載許可を頂けなかった神社は掲載していません（P.84をのぞく）。
- 本書のデータはすべて2018年1月現在のものです。参拝時間・各料金・交通機関の時刻等は時間の経過により変更されることもあります。また、アクセスなどにある所要時間はあくまでも目安としてお考えください。
- 神社名・神様の名称・施設名等は各神社で使用している名称に準じています。

西野神社(P66)

北海道

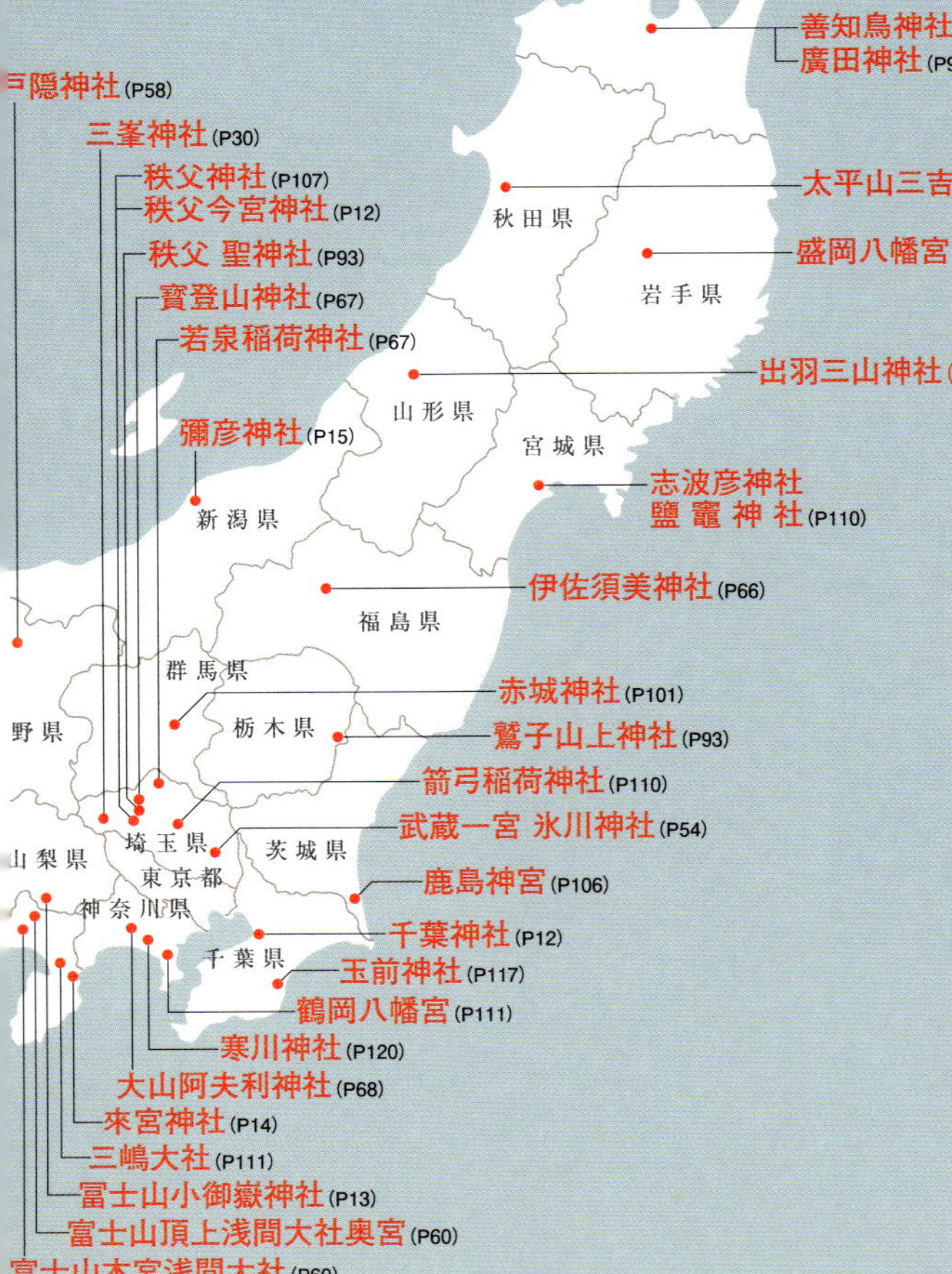

東京都

〈千代田区〉 日枝神社(P34)
神田神社(P99)
東京大神宮(P73)
〈中央区〉 小網神社(P94)
宝田恵比寿神社(P95)
〈港区〉 芝大神宮(P39)
元神明宮(P57)
虎ノ門 金刀比羅宮(P86)
〈台東区〉 鷲神社(P94)
浅草神社(P118)
〈江東区〉 亀戸天神社(P118)
〈大田区〉 新田神社(P74)
〈渋谷区〉 明治神宮(P56)
〈杉並区〉 大宮八幡宮(P38)
馬橋稲荷神社(P119)
〈荒川区〉 素盞雄神社(P119)
〈府中市〉 大國魂神社(P55)

日本全国 開運神社 マップ

本書では、47都道府県をすべて網羅しています。
このマップを使って、お住まいの近くの神社を見つけたり、
旅先で立ち寄れる神社を探したりして、
プランづくりにお使いください。

京都市

〈上京区〉 白峯神宮(P113)
〈北区〉 わら天神宮(敷地神社)(P102)
〈左京区〉 吉田神社(P61)
貴船神社(P76)
須賀神社(P82)
〈東山区〉 地主神社(P87)
〈下京区〉 京都大神宮(P102)
〈右京区〉 車折神社(P69)
野宮神社(P77)
〈伏見区〉 伏見稲荷大社(P88)
城南宮(P116)

大阪市

〈西区〉 サムハラ神社(P46)
〈天王寺区〉 生國魂神社(P62)
堀越神社(P122)
〈浪速区〉 今宮戎神社(P89)
〈住吉区〉 住吉大社(P44)

都道府県別！
五十音順！

日本全国 開運神社 INDEX

北海道 HOKKAIDO
西野神社 66

青森 AOMORI
善知鳥神社 117
廣田神社 13、98

岩手 IWATE
盛岡八幡宮 79

秋田 AKITA
太平山三吉神社 79

宮城 MIYAGI
志波彦神社 鹽竈神社 110

山形 YAMAGATA
出羽三山神社（羽黒山） 15、72

福島 FUKUSHIMA
伊佐須美神社 66

茨城 IBARAKI
鹿島神宮 12、106

栃木 TOCHIGI
鷲子山上神社 13、93

群馬 GUNMA
赤城神社 101

埼玉 SAITAMA
秩父今宮神社 12
秩父神社 107
秩父 聖神社 93
寶登山神社 12、67
三峯神社 10、12、30
武蔵一宮 氷川神社 54
箭弓稲荷神社 14、110
若泉稲荷神社 12、67

千葉 CHIBA
玉前神社 15、117
千葉神社 12

東京 TOKYO
浅草神社 118
大國魂神社 55
鷲神社 14、94
大宮八幡宮 38
亀戸天神社 11、118
神田神社 99
小網神社 94
芝大神宮 14、39
素盞雄神社 12、119
宝田恵比寿神社 95
東京大神宮 73
虎ノ門 金刀比羅宮 11、86
新田神社 74
日枝神社 34
馬橋稲荷神社 15、119
明治神宮 56
元神明宮 57

神奈川 KANAGAWA
大山阿夫利神社 68
寒川神社 120
鶴岡八幡宮 111

山梨 YAMANASHI
冨士山小御嶽神社 13

新潟 NIIGATA
彌彦神社 15

長野 NAGANO
戸隠神社 58

静岡 SHIZUOKA
秋葉山本宮秋葉神社 59
小國神社 10、40
來宮神社 14
富士山頂上浅間大社奥宮 11、60
富士山本宮浅間大社 60
三嶋大社 111

富山 TOYAMA
越中総鎮守一宮 射水神社 14、75

石川 ISHIKAWA
白山比咩神社 101

福井 FUKUI
金崎宮 120

岐阜 GIFU
伊奈波神社 15、121

愛知 AICHI
熱田神宮 42
清洲山王宮 日吉神社 13、68
恋の水神社 13
真清田神社 80
若宮八幡社 80

三重 MIE
宇賀多神社 15、112
神明神社 石神さん 13
椿大神社 108
二見興玉神社 81

滋賀 SHIGA
近江神宮 13、112
多賀大社 81

京都 KYOTO
貴船神社 76
京都大神宮 102
車折神社 15、69
地主神社 87
城南宮 11、116
白峯神宮 113
須賀神社 82
日本最古 生身天満宮 15、113
野宮神社 77
伏見稲荷大社 88
吉田神社 11、61
わら天神宮（敷地神社） 102

大阪 OSAKA
生國魂神社 62
石切劔箭神社 103
今宮戎神社 89
上新田天神社（千里の天神さん） 15
サムハラ神社 14、46
住吉大社 44
日根神社 14、121
堀越神社 11、122

奈良 NARA
石上神宮 10、20、48
大峯本宮 天河大辨財天社 91
春日大社 夫婦大國社 78
櫻本坊（大峯山護持院） 10、50
玉置神社 47

和歌山 WAKAYAMA
熊野本宮大社 92

兵庫 HYOGO
西宮神社 90
三石神社 15

鳥取 TOTTORI
宇倍神社 15、95

島根 SHIMANE
美保神社 12

岡山 OKAYAMA
吉備津神社 63

広島 HIROSHIMA
大山神社 14、114

山口 YAMAGUCHI
白崎八幡宮 103

香川 KAGAWA
金刀比羅宮 69

愛媛 EHIME
大山祇神社 70

徳島 TOKUSHIMA
西照神社 15、82

高知 KOCHI
土佐神社 122

福岡 FUKUOKA
甲宗八幡宮 13
太宰府天満宮 109
宗像大社 100

大分 OITA
宇佐神宮 15、114

佐賀 SAGA
武雄神社 83

長崎 NAGASAKI
金屋神社 13

宮崎 MIYAZAKI
高千穂神社 64

熊本 KUMAMOTO
青井阿蘇神社 70

鹿児島 KAGOSHIMA
霧島神宮 65

沖縄 OKINAWA
波上宮 83

第一章

「一生使える知識です！」

神社のお守りの世界にようこそ

中津川さんが日本全国の神社から集めたお守りのなかから、
特に「すごい」と太鼓判を押すお守りを一挙公開。
お守りを頂く前に知っておきたい、ずっと使える神社の基礎知識もお伝えします

中津川さん
おすすめ

ゼッタイ頂きたい

このお守りがとにかくすごい!

日本全国のありとあらゆるお守りのなかから、最強パワーのお守りを紹介。今、持つべきお守りが見つかるはず!

中津川さんイチオシ
最強お守り10

神様のパワーがぎっしり詰まっているお守り。魔を祓い、運気をアップ、ステキな出会いを引き寄せ、負けられない場面で勝運を授けてくれる……「ここゾ!」というとき、無限大の力を発揮してくれる最強お守りを紹介。

1 三峯神社(埼玉県)の『白』い『氣守』

➡P.30

頂くのは大変だけど大きな御利益が!

Voice
毎月1日のみの授与。とにかく頂くのがタイヘン! 大行列で数時間待ちは当然のこと。そうまでしても頂きたいほどのパワーがある、最強中最強のお守りです。勝運、良縁何でもOK。手にしたときは本当に感激しました。

氣守はほかに4色!

勇気、やる気、元気などあらゆる気がみなぎります。裏には神のお使いのオオカミが配されています。

2 石上神宮(奈良県)のネクタイピン

➡P.48

起死回生のパワー!ここぞというときに

Voice
「ここを突破すれば未来が開ける!」というとき、力を発揮。国宝に指定されている七支刀を模したネクタイピンで、細部まできちんと作られています。七支刀は神のパワーが宿る神器です。

3 櫻本坊(奈良県)の九重守

➡P.50

一生に一度しか使えない究極のお守り!

Voice
かつて修験者は生死の危機に見舞われたとき、九重守の封を切り、神仏の力で危地を脱したといいます。それほどのパワーが込められているのです。人生の一大事に願をかけて封を解けば大きなサポートが得られるはず。

4 小國神社(静岡県)の宝槌

➡P.40

豊かな生活が送れる貴重な授与品

Voice
商売繁昌、富をもたらすという打ち出の小槌。お守りは貴重な国産ケヤキで作られています。ケヤキは"際立つ木"といわれる縁起のよい木。よいことずくめの授与品は御利益も大。すぐになくなってしまうほど人気です。

5 富士山頂上 浅間大社奥宮（静岡県）の富士山袋守

➡P.60

日本でいちばん高い場所で開山時期だけ。まさに最高峰

Voice

世界遺産にして日本最高峰の富士山。浅間大社奥宮は富士山頂にあります。お守りは頂上まで登らなくては頂けないし、7月から9月までの開山期間しか、授与されません。これほどレアなお守りはありませんね。

6 城南宮（京都府）の方除御守

➡P.116

現代社会を生きる人に安心・安全な方位除け

Voice

方除けの御利益では日本で代表的な神社。平安遷都の際、都の南に守護神として創建されました。このお守りさえあれば、知らず知らずに悪い方向に行ってしまっても安心。災難から守ってもらえます。

7 亀戸天神社（東京都）のうそ替え神事のうそ

➡P.118

吉を招く幸運の授与品。手作りのため数量限定です

何をやってもうまくいかない運気下降状態を、木彫りのカワイイ鳥がうそに変えてくれる！ この鳥は鷽（うそ）という小鳥。1月のうそ替神事で授与されます。凶をうそにして吉に変えてくれるという御利益があるのです。

8 吉田神社（京都府）の節分神符一組と大元宮神札（八百萬の御札）

➡P.61

すべての神様のお札 節分時期の参拝が特におすすめ

Voice

「八百萬神」とはありとあらゆる神様のこと。つまり、この御札は日本国中の神様のパワーが集結している御利益満載の御札というわけ。通常は白色ですが、節分のときだけはくちなし色になって厄除けも期待できます！

9 虎ノ門 金刀比羅宮（東京都）の福銭開運のお守り

➡P.86

本気で開運したい人に。ぼくも毎年頂いています

Voice

福銭・金銀箔入りの小瓶を封入。開運を授けたいという神社の本気度がぐっと伝わります。もちろん、毎年頂いています。幸運がやってくるという方角“恵方”に向けて祀り、福と運気上昇を招き入れるというお守りです。

10 堀越神社（大阪府）の桃守り

➡P.122

一生に一度の願いを聞いてくださる神社の手作りお守り

Voice

一生に一度の願いがかなうとされる最強神社のお守り。桃は古くから、厄除けの御利益があると信じられている木です。そんな桃の木から作った桃守りは神職が一つひとつ、祈願を込めていねいに手作り。いざというとき、頼りになります。

すごい御利益のお守り

このお守りで心願成就、恋愛成就、難を逃れた、試験突破、金運アップ等々、知人に聞いたり、クチコミが寄せられたり、もちろん自分で体験したり。その御利益は実証済み。夢や祈願の実現に向けて頼りになるお守りです。

❶千葉神社
(千葉県)の

開運身代守(かいうんみがわりまもり)

すべての星を司る北極星を祀る神社。お守りは北極星パワーで災難をもたらす悪星を取り除き、福を招いてくれます。そればかりか、なんと男女の星を巡り会わせる働きもあるんです。神紋の"月星紋"が配されています。

ふたりの子を授かりました

❷三峯神社
(埼玉県)の

ごもっとも様

ユニークな形でしょ！ヒノキ製でバットみたいな大きなお札です。節分に行われる"ごもっとも神事"で授与されます。この神事では夫婦円満、子授け等を願います。この神事に参列すれば子宝に恵まれるはず。

❸秩父今宮神社
(埼玉県)の

八大龍王御守

境内には古代から龍神池と呼ばれる霊泉があります。ここに役行者が生命の源である水を司る八大龍王を祀りました。龍王の姿をデザインしたお守りは縁結び、招福の御利益があります。

❹寶登山神社
(埼玉県)の

相生のお守り

境内の一角に茂る"相生の松"は昭和天皇・皇后のご成婚を記念して植樹されたもの。ここ数年、ロイヤルウエディングにあやかりたいと恋愛成就・縁結びのパワースポットとして大人気です。その松をモチーフにしたお守りです。

❺美保神社
(島根県)の

福種銭

美保神社は商売繁昌の事代主神(えびす様)を祀る神社の総本宮です。この福種銭は包みの中の種銭10円を自分のお金と一緒に使い、世の中に循環させると回り回って、福になって戻ってくるというお守り。総本宮だけにパワーは絶大。

新たなことを始めるときに

❻鹿島神宮
(茨城県)の

鹿島立守

鹿島神宮らしいお守りです。かつて防人は出発前、道中の安全を祈願したといいます。新しいことを始める前に頂けば、スタート地点から神様のパワーを授かり、ゴールに導いてくれるすばらしいお守りです。

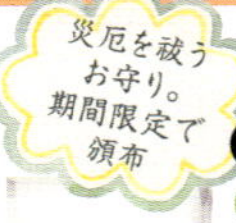

❼素盞雄神社
(東京都)の

白桃樹御守

毎年4月1日から8日までの期間限定で授与されるのが白桃樹御守。江戸時代から続く災厄除けのお守りで、神道では穢れを祓うとされる麻ひもで結ばれています。麻も、桃も魔除け。ということは災難除け最強ということに！

❽若泉稲荷神社
(埼玉県)の

お守り

授与所ですぐに入手できるお守りではありません。個人の祈願に応じて、神道、国学に精通した神職が特別に祈願し、秘儀とされる作法や古式作法にのっとって作られます。授与されたら、ていねいにきちんとお祀りしましょう。

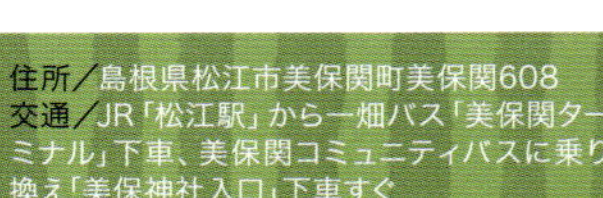

DATA

1
千葉神社
創建／長保2年(西暦1000年)
本殿様式／流造
住所／千葉県千葉市中央区院内1-16-1
交通／JR「千葉駅」から徒歩約10分
参拝時間／6:00～18:00
お守り授与時間／8:30～17:30
URL／chibajinja.com

2
三峯神社(埼玉県)➡P.30

3
秩父今宮神社(埼玉県)
創建／大宝年間(西暦700年頃)
本殿様式／大社造仮社殿
住所／埼玉県秩父市中町16-10
交通／西武鉄道「西武秩父駅」から徒歩約8分または秩父鉄道「御花畑駅」から徒歩約5分
参拝時間／自由
お守り授与時間／9:00～17:00
URL／imamiya.txt-nifty.com

4
寶登山神社(埼玉県)➡P.67

5
美保神社
創建／神代　本殿様式／美保造
住所／島根県松江市美保関町美保関608
交通／JR「松江駅」から一畑バス「美保関ターミナル」下車、美保関コミュニティバスに乗り換え「美保神社入口」下車すぐ
参拝時間／自由
お守り授与時間／8:30～
URL／mihojinja.or.jp

6
鹿島神宮(茨城県)➡P.106

7
素盞雄神社(東京都)➡P.119

8
若泉稲荷神社(埼玉県)➡P.67

すごいかわいいお守り

かわいいものやきれいなものが大好きな女子におすすめのお守りです。フォルムもデザインも色使いも、とってもすてき。思わずほほ笑んでしまうお守りもあります。持っているだけで元気が湧いて、幸せや良縁も訪れそうです。

⑩金屋神社(長崎県)の 波佐見焼のお守り

陶器製。色によって御利益が異なる

波佐見焼のコンプラ瓶（醤油などを輸出した瓶）をモチーフにした、ころんとした愛らしい形のお守り。商売繁昌・恋愛成就・家内安全・交通安全・学業成就・健康祈願の6種類が色違いで揃います。

⑨清洲山王宮 日吉神社(愛知県)の 祈願絵馬

神の使いのお猿がキュート

日吉神社は清須城下の総鎮守で豊臣秀吉と深い縁がある神社。御祭神のお使いは猿。"魔がさる""勝る"と語呂合わせできる縁起のよい動物です。神様に願いを届けてくれる猿の絵馬です。

⑬廣田神社(青森県)の お守り袋デザイナーズ

モダンかつ伝統的！

とてもスタイリッシュなお守り袋です。袋と中に入れる御神符を別々に頒布。祈願する内容に合った御神符を頂き、好きなデザインの袋を求めて納めます。デザインを選べるのがうれしい！

⑫富士山小御嶽神社(山梨県)の ふじさんのお守り

ちっちゃくてかわいい富士山は残雪の富士山と朝日に染まる赤富士の2色。富士山小御嶽神社は5合目に位置し、富士山の開山祭が行われます。道を開いてくれる御利益が期待できます。

2色とも頂きたい！

⑪近江神宮(滋賀県)の 三ツ目守

時の神様を祀る近江神宮。そこで過去、現在、未来を見つめ、将来の開運を願うお守りです。節分祭で鬼を追う役人の役人のお面を模した三ツ目の表情がユーモアたっぷり。

砂時計を持った鬼が見つめてる☆

⑰甲宗八幡宮(福岡県)の 御守

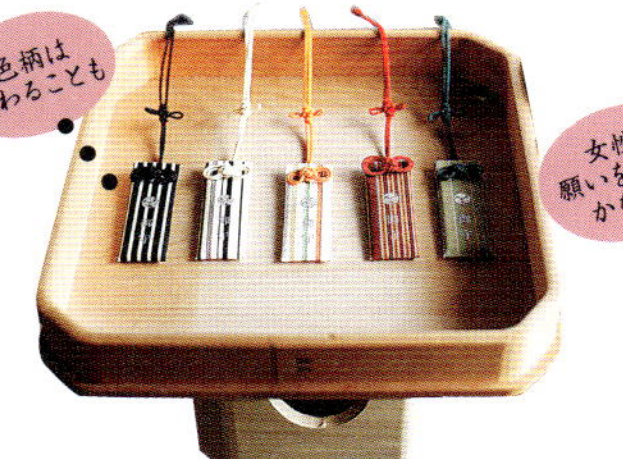

色柄は変わることも

女性の願いをひとつかなえる

神功皇后の兜が御神体です。小倉織で作ったお守り袋がきれい。小倉織は生地がとても強く、槍で突かれても矛先を通さなかったことから、災難除けとして有名になりました。

⑯神明神社 石神さん(三重県)の 石神さんお守り、石神さんストラップお守り

海女さんの信仰が篤い石神さん。魔除けのおまじない「ドウマン・セイマン」が描かれています。袋は手作り、文字も手書きなのでそれぞれ微妙に異なり、味わいのある仕様です。

⑮鷲子山上神社(栃木県)の お守り

フクロウ好きにはたまらない！

フクロウが祭神のお使いです。フクロウは不苦労、そして首が回るからお金に困らない縁起のよい鳥、幸福を招く鳥とされています。かわいいけど見るからに運気が上昇しそうなお守り。

⑭恋の水神社(愛知県)の 縁結び守り

珍しい水色の鳥居の柄が

境内に建つ水色の鳥居と、ピンクの参道がとてもきれいなデザインで人気です。パステルカラーでキラキラ輝くお守りは見ているだけでもすてきな出会いを授けてくれそうな予感がします。

DATA

9
清洲山王宮 日吉神社（愛知県）➡P.68

10
金屋神社（かなや）
創建／天平14年（口伝では天平4年）
本殿様式／神明造
住所／長崎県東彼杵郡波佐見町金屋郷2493
交通／西九州自動車道「波佐見有田IC」より車で約15分またはJR「有田駅」より車で約20分
参拝時間／自由　お守り授与時間／予約制（0956-85-6728中山さままで）

11
近江神宮（滋賀県）➡P.112

12
冨士山小御嶽神社（こみたけ）
創建／937年　本殿様式／神明造
住所／山梨県富士吉田市上吉田小御岳下5617
交通／富士急バス「富士山五合目」下車徒歩約1分　参拝時間／9：00～16：30
お守り授与時間／9：00～16：30

13
廣田神社（青森県）➡P.98

14
恋の水神社
創建／不明
住所／愛知県知多郡美浜町奥田中白沢92-91
交通／名鉄知多新線「知多奥田駅」から徒歩約20分
参拝時間／自由
お守り授与時間／10：00～16：00

15
鷲子山上神社（栃木県）➡P.93

16
神明神社 石神さん
創建／不明　本殿様式／神明造
住所／三重県鳥羽市相差町1385
交通／近鉄・JR「鳥羽駅」からかもめバスで約40分「相差」下車徒歩約5分
参拝時間／自由
お守り授与時間／8：30～16：30
URL／toba-osatsu.jp

17
甲宗八幡宮
創建／貞観2年（西暦860年）
本殿様式／流造
住所／福岡県北九州市門司区旧門司1-7-18
交通／JR「門司港駅」から徒歩約12分
参拝時間／9：00～17：00
お守り授与時間／9：00～17：00
URL／kosohachimangu.jp

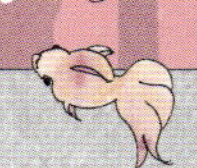

すごい珍しいお守り

期間限定や職人手作りの数量限定でなかなか授与所になかったり、唯一無二の御利益を授けてくれるお守りだったり、「えっ!」と驚く形状だったり、日本全国の神社にある、ユニークで知る人ぞ知るレアなお守りを紹介します。

入手困難

職人の手作りで数量限定

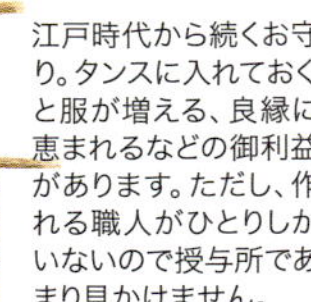

⑲芝大神宮(東京都)の千木筥

江戸時代から続くお守り。タンスに入れておくと服が増える、良縁に恵まれるなどの御利益があります。ただし、作れる職人がひとりしかいないので授与所であまり見かけません。

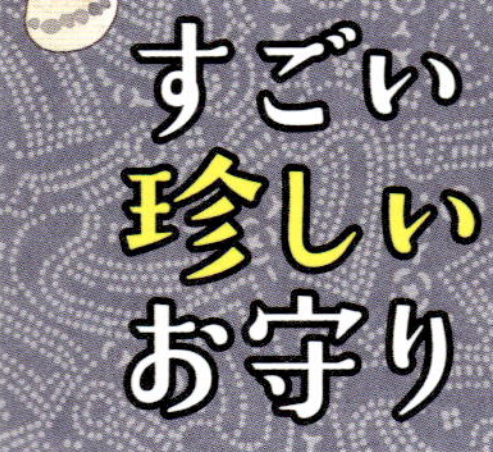

⑱サムハラ神社(大阪府)の御神環

お守り指輪です。この指輪は災難から護ってくれる厄除け指輪として大人気。各種サイズが揃いますが、大阪の職人手作りのため、数量に限りがあり、なかなか手に入りません。

授与所にあるかどうかは運次第

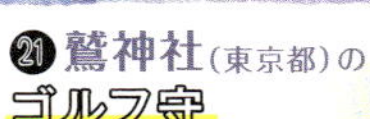

㉑鷲神社(東京都)のゴルフ守

ゴルフに特化したお守りはあまり見かけません。ゴルフ用語の"イーグル"にちなみ、飛翔する鷹のように飛距離を延ばし、スコア向上、技術力アップの祈願が込められています。

ゴルフ好きから必携!

⑳來宮神社(静岡県)の酒難除守

珍しい御利益

飲酒による災難から守ってくれるユニークなお守り。飲酒が過ぎて大事な約束を忘れてしまったという御祭神が自らを諌め、酒を断ったという故事に由来しています。

㉒箭弓稲荷神社(埼玉県)の球技守と絵馬

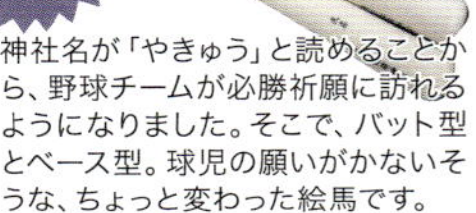

野球以外の球技必勝祈願にも

神社名が「やきゅう」と読めることから、野球チームが必勝祈願に訪れるようになりました。そこで、バット型とベース型。球児の願いがかないそうな、ちょっと変わった絵馬です。

㉕大山神社(広島県)の耳明守

耳のお守りはとてもレア。耳の健康を守ってくれるだけではありません。聞き上手になって、他人の話や自分にとって耳の痛い話でも素直に聞けるようになるという御利益もあります。

㉔越中総鎮守一宮 射水神社(富山県)の力守

持っているだけで力が湧いてくる

望む力が身につくお守りです。今まで、ありそうでなかったお守りですね。縁を引き寄せる力、運を開く力、学力、体力、「今はこれが必要!」というパワーを授けてくれます。

㉓日根神社(大阪府)の安眠御守と枕御守

睡眠不足の解消、安眠をもたらしてくれるというレアな御利益。枕形のお守りはユニークです。どちらも、祭事に奉納される飾り枕がモチーフで安眠祈願がされています。

DATA

交通/御堂筋線・大阪モノレール「千里中央駅」から徒歩約8分
参拝時間/自由
お守り授与時間/8:30～17:00
URL/senritenjin.com

35
伊奈波神社(岐阜県) ➡P.121

36
馬橋稲荷神社(東京都) ➡P.119

37
宇倍神社(鳥取県) ➡P.95

38
西照神社(徳島県) ➡P.82

「和田岬駅」から徒歩約2分
参拝時間/6:00～19:00
お守り授与時間/8:00～17:00
URL/mitsuishi.or.jp

32
彌彦神社
創建/不明
本殿様式/三間社流造
住所/新潟県西蒲原郡弥彦村弥彦2887-2
交通/JR「弥彦駅」から徒歩約15分
参拝時間/自由
お守り授与時間/8:30～16:30

33
日本最古 生身天満宮(京都府) ➡P.113

34
上新田天神社
(千里の天神さん)
創建/元和2年(1616年)
本殿様式/一間社流造
住所/大阪府豊中市上新田1-17-1

25
大山神社(広島県) ➡P.114

26
宇賀多神社(三重県) ➡P.112

27
出羽三山神社(羽黒山)(山形県) ➡P.72

28
玉前神社(千葉県) ➡P.117

29
宇佐神宮(大分県) ➡P.114

30
車折神社(京都府) ➡P.69

31
三石神社
創建/201年
本殿様式/流造
住所/兵庫県神戸市兵庫区和田宮通3-2-51
交通/神戸市営地下鉄海岸線

18
サムハラ神社(大阪府) ➡P.46

19
芝大神宮(東京都) ➡P.39

20
來宮神社
創建/不明
本殿様式/権現造
住所/静岡県熱海市西山町43-1
交通/JR伊東線「来宮駅」から徒歩約3分
参拝時間/自由
お守り授与時間/9:00～17:00
URL/kinomiya.or.jp

21
鷲神社(東京都) ➡P.94

22
箭弓稲荷神社(埼玉県) ➡P.110

23
日根神社(大阪府) ➡P.121

24
越中総鎮守一宮 射水神社(富山県) ➡P.75

珍しい形状

㉚ 車折神社（京都府）の
祈念神石

お守りの御神体は石です。授与所で祈念神石を授かり、本殿に参拝して願いを込めます。その後、芸能に関する願いは芸能神社に。願いはひとつに絞って、具体的なほうがよいそうです。

㉗ 出羽三山神社（羽黒山）（山形県）の
清身守

日本では昔から塩には不思議な力があるとされてきました。清身守は塩の結晶入りで心身を清め浄化する力があるお守りです。持っていると心が清々しくなるような気がします。

さらさら動く塩に浄化される

㉖ 宇賀多神社（三重県）の
鬼に金棒まもり

勝負の神様が祀られています。社名から、試験に〝うかった〟、試合に〝うっ！勝った〟のシャレを効かせ、勝負のときに心の支えになるお守り。金棒形はかなり珍しいです。

㉙ 宇佐神宮（大分県）の
鳳凰ネクタイピン

国宝に指定されている本殿の襖に描かれた鳳凰をデザインしたネクタイピン。鳳凰は吉祥の鳥。七宝焼でとても美しい意匠です。神社では国宝に関連したお守りは少ないようです。

国宝を身に付ける!?

㉘ 玉前神社（千葉県）の
御珠守

袋の中に天然真珠が入っているんですよ。天然真珠には真円はなく、ゆがみや傷があります。人間も天然真珠同様に「不完全さゆえに魅力があり輝ける」という思いが込められています。

麻の袋入りなのも珍しい

珍しい由来

㉜ 彌彦神社（新潟県）の
身体健全袋守

新潟県屈指のパワースポットとされる彌彦神社。万葉集にもその名が見られます。「おやひこ様」として信仰されてきました。身体健全袋守には社紋の〝大〟が配されています。

大の文字に強さを感じるお守り

㉛ 三石神社（兵庫県）の
安産御守

石のパワーで安産に！

神功皇后懐妊の際、3つの石を身に付けて安産を祈願したという故事にちなむ、3つの石が入った安産御守。かつて袋の中の石が白2個なら男子、黒2個なら女子と占ったそうです。

㉟ 伊奈波神社（岐阜県）の
黒龍福成る守

ずっしりと重みを感じる

ふたつの金属片からできているお守りです。ふたつを打ち鳴らすと神様のパワーが増し、そこで祈願者に新しい福が訪れ、運気がアップするというユニークなスタイルのお守りです。

㉞ 上新田天神社（千里の天神さん）（大阪府）の
冬桜守

桜をモチーフにしたお守りは珍しくありませんが、このお守りはあえて「冬桜」。木枯らしに耐え開花する冬桜のように困難を乗り越え、開花してほしいと祈念されたお守りです。

㉝ 日本最古 生身天満宮（京都府）の
しごとのお守り

「天 晴れる」というユニークな名称の仕事のお守りです。就職や仕事の成功、資格取得を祈願するだけでなく、天神様のご加護で天まで晴れわたる爽快な人生を送れますようにとの願いも込められています。

テレビ等で紹介される話題のお守り

㊲ 宇倍神社（鳥取県）の
御縁守

紙幣がお守りというのはあまり見ないデザイン。これは明治32（1899）年に発行された五円紙幣にこちらの神社の社殿と御祭神が図案として採用されたからです。金運アップに御利益大。

お財布に忍ばせて金運UP

㊳ 西照神社（徳島県）の
オルゴナイト守

オルゴナイトは水晶や銅線コイルなどを樹脂で固めたもので、ネガティブなエネルギーを、ポジティブに変換すると近年話題に。こちらは神事にも使用している清浄の力をもつ精麻も封入した、ハンドメイドの授与品。指輪型もあり、アクセサリー感覚で使えます。

㊱ 馬橋稲荷神社（東京都）の
四魂のお守り

日本では魂に荒魂、和魂、奇魂、幸魂という4つの姿があるとされています。このお守りは今の自分に必要な魂、欠けている魂を神様に補ってもらえる貴重なパワーを込めたお守りです。

初心者でも安心！

お守りの基本Q&A

「お守りをたくさん頂きたいけれど、複数持ってもいいの？」「いつ頂くのがよいものなの？」……素朴な疑問を中津川さんに聞いてみました。ここさえ読んでおけば初心者でも大丈夫！

Q お守りをたくさん持つと神様がケンカするって本当？

A 神様はケンカしないのでたくさん身に付けてOK

「お守りをたくさん持つと神様がケンカして、よくないことが起きる」という話をよく聞きますが、神様同士がケンカすることはありません。実際、ほとんどの神社で、複数の神様が一緒に祀られているのです。神話で戦った神様が一緒に祀られている神社さえあります。

Q 大きさや初穂料は御利益に関係ありますか？

A 身の丈に合ったお守りを頂きましょう

基本的にはどのお守りも同じです。お守りは、神様の御分霊なので、大きさや初穂料で御利益が異なることはないと考えられます。お賽銭やお守りに払うお金は、神様への感謝の気持ちを表した「神様へのお供え」です。無理をせず、まずは感謝の気持ちをもって、身の丈に合ったお守りを頂けばよいと思います。なかには、特別に祈願されたなどの理由で、ほかのお守りより高いものもあります。

Q お守りは1年で返さないといけないのでしょうか？

A 毎年新しいものに替えるとよみがえりのパワーが頂けます

神社では、1年程度でお返しし、新しいものに替えることをすすめています。どんなに大切に扱っていても、1年くらいで汚れてきます。これは穢れとなり、神様に嫌われる状態なのです。また、新しいものと交換することで、よみがえりのパワーを頂けます。このことから、神社で頂いたお守りは大切に身に付け、可能な限り、1年をめどに新しいお守りを頂くのがよいでしょう。

Q いつ頂けばよいのでしょうか？

A 必ず参拝してから頂きましょう

基本的には、本殿に参拝してから、授与所でお守りを頂きます。神様にあいさつしてから、神様の御分霊を頂くという流れですね。人によっては頂いてから、もう一度本殿に向かい、お参りするのがよいという人も。また時期は、初詣のときでも、お祭りのときでも、いつでもよいでしょう。

Q 神社とお寺のお守りって違うのでしょうか？

A 信仰は違いますが、どちらもあなたを守ってくれます

神社では、神道の作法にのっとり日本の神様の御分霊が、お寺では仏様の御分身などがお守りとされています。信仰が違うので、まったく同じものとはいえません。しかし、神道と仏教は密接に歩んでいた時代が長く、特に区別せず自分が信じるところのお守りを頂いて、大切に持っていればよいでしょう。また神社のものは神社、お寺のものはお寺にお返しを。

Q お守りの効力が上がる方法は？

A 普段から身も心も美しく。お願いだけでなく行動を！

お守りは自分を守ってくれる存在ですが、普段からの心がけも重要です。神様は常に真摯に努力して、身も心も美しい人を後押ししてくれるのです。願いのことばかり考えていないで、まず行動を。私の経験からも、お守りを持っていることさえも忘れてしまうくらいでいるほうが、願いがかなえられると思います。

Q お守りとお札の違いは？

A お守りは持ち歩けるお札のようなもの

お守りの中には小さなお札が入っていることが多く、実は同じといえるでしょう。この小さなお札は、御内符や御神符などといい、日枝神社（P.37）など、お守り袋と御内符を別々に頂けるところもまだあります。お札は普通持ち歩きませんが、お守りは身に付けて暮らしましょう。

Q そういえばお守りってそもそも何？

A 基本的に神社で祈祷され神様の分身が宿っています

もともとお守りは神社やお寺のお札などを小さくしたものを、袋に入れて持ち運べるようにしたものです。ですから、お守りは単なるラッキーアイテムやパワーストーンのようなものと違い、神様の分身が宿り、私たちを守ってくださいます。現在ではブレスレットやストラップのようなものもありますが、社頭で出ているものは基本的にお祓いされ神様が宿っています。

Q お守りはどこに保存しておくのが正解ですか？

A いつも身に付けて。保管する場合はできれば神棚に

かばんなどに付けて、いつも持ち歩きましょう。カード型お守りなどは、常に身に付けられるように考えられています。かばんなどにさげておく場合、どうしても扱いが雑になってしまいますから、傷つきそうなときは神棚に上げておくのがよいでしょう。神棚がない場合は、目線より上の所に半紙などを敷いて、置いておくのがよいでしょう。

Q お守りの中身は出してよいのですか？汚れた場合は洗ってよいのですか？

A 中を開けるのはおすすめしません。汚れたら、返納し、新しいものを頂いて

神社では、御神体の扉を開いて公開することは、まずありません。そのため、神様の分身であるお守りも基本的には開けないほうがよいでしょう。汚れてしまったら神社にお返しし、新しいものを頂くのがよいでしょう。自己流で洗ったりしてはいけません。

Q お守りってどうやって作られるの？

A 祈祷されてはじめて授与できるお守りになります

神社の場合、製作されたものを神前に祀り、お祓いをしたあと、祝詞をあげ祈願をします。ここでお守りに魂が入り、授与される状態となります。金運、縁結びなど特定の願意のついたお守りは、その願いがかなうように祈祷されています。業者ではなく、神社で手作りしているお守りもあります。

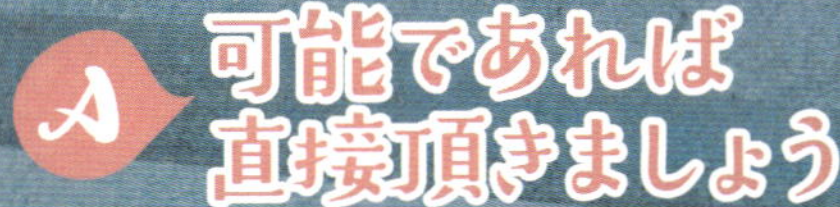

Q お守りは郵送してもらえるの？

A 可能であれば直接頂きましょう

お守りは神様の分身であり、基本的に自ら赴いて頂くのが本来の受け方です。ただし、時代も変わり、郵送を行ってくれるところもあります。でも、やはり御利益を頂きたいのであれば、お守りだけ頂くより、参拝をしてから頂きたいものです。

Q 遠方にいて、お守りを頂いた神社に返納できない場合はどうすればよいの？

A ほかの神社に返納してもOK

遠方で頂いたお守りは、近くの神社に返納しても問題ありません。ただし、神社によってはどんど焼き（1月15日前後）までしか受け付けていない場合があり、他社の授与品を受け付けていないところもあります。また、お寺のものはお寺に返納してください。縁起物の場合、塩をまいてお清めをし、一般のゴミとして出す方法もあります。

これを知っていれば、神社ツウ

境内と本殿様式

知ってるようで知らない境内のあれこれ。そして神様を祀る本殿の建築様式を知ると参拝がもっと楽しくなります！

参拝のための拝殿に本殿、摂社など盛りだくさん！

鳥居から本殿に向かって延びる道は参道です。参拝前に手や口を水で清めるところを手水舎*といいます。御祭神をお祀りするのが本殿、その前にあるのが拝殿で参拝者はここで手を合わせます。境内にある小さな祠は摂社、末社といいます。摂社は御祭神と関係が深い神様、末社にはそれ以外の神様が祀られています。本殿前にある狛犬は、神様を守護する想像上の動物。正式には向かって右が獅子、左が狛犬です。本殿は建築様式によってさまざまなタイプがあります。いちばん大きな違いは屋根。おもな建築様式を下でご紹介します。

※本殿の前に拝殿がある場合や、本殿のみまたは拝殿のみの場合もあります。

社務所：お守り・御朱印はこちらで頂けることが多い

*「ちょうずや」「てみずや」などと読む場合もあり

本殿の建築様式。見分け方のポイントは屋根！

権現造

日光東照宮に代表される様式。拝殿と本殿の間に「石の間」と呼ばれる建物を設けている。屋根には神社ではあまり用いられない瓦葺もみられる。

流造

神社建築で最も多いタイプ。側面から見ると正面にあたる屋根が長く前に延びているのがわかる。長く延びた部分を「庇」または「向拝」と呼ぶ。

神明造

古代から伝わる高床式のスタイルで伊勢神宮が代表例。屋根には神社特有の千木、鰹木を載せている。檜皮葺、茅葺、板葺がほとんどで勾配が急。

初めてでも
これで完璧

頂き方

神社の参拝方法とお守りの頂き方

＼一生使える！／

神社についてよく知らない人でも大丈夫。参拝方法は難しいものではありません。このページに書いてある流れを身につけておけば、これから神社で参拝するとき、ずっと困りません。ポイントもぜひチェックして！

1 鳥居をくぐる

Point

何かの動作を始める前に軽く頭を下げることを揖（ゆう）といいます

鳥居の前で軽く一礼を

神社の入口にある鳥居は、神域と人間界を分ける「結界」という役目があります。くぐる前には身を整えて、帽子などは脱ぎます。一礼（揖）するのは、神域に入らせていただく際のごあいさつ。真ん中より左にいれば左足から、右にいれば右足から進みます。

2 参道を歩く

Point

神社によって右側通行、左側通行が決まっている場合があります

真ん中を避けて

参道を歩いて社殿を目指しましょう。参道の真ん中は神様の通り道「正中」なので避けましょう。

3 手水舎で清める

手と口を清める

人は日々の生活のなかで知らず知らずのうちに穢れがたまっています。神様は清浄な状態をいちばん喜ばれます。参拝前は必ず手と口を清めておきましょう。

Point

この動作を柄杓1杯の水で行います

STEP1

柄杓を手に取り、水をすくい、左手、右手の順番で清めます

STEP2

柄杓を右手に持ち、左手で水を受けて、口をすすぎます

STEP3

口をつけた左手を水で再び清め、柄杓を立てて、柄の部分を清めます

4 拝殿で鈴を鳴らす

鈴がある場合

鈴がある場合は、鈴を鳴らします。お賽銭を先に入れるという考え方もあります。

①〜⑦の撮影地：石上神宮

5 お賽銭を入れる

拝礼の前にお賽銭を

お賽銭を入れましょう。遠い場所から力いっぱい投げ入れる人を見かけますが、お供えなので、感謝を込めて静かに入れましょう。

Point

お賽銭の金額に決まりはありません。身の丈に合った金額で問題ないでしょう

服装について

神様にごあいさつするので、目上の人に会うときの服装で。正装がいちばんですが、難しい場合は清潔感のある服を心がけましょう。身なりは自分の神様に対する姿勢。ノースリーブや華美な服、サンダルに裸足のようなカジュアルな服装は失礼にあたります

6 社殿の前で参拝

Point

手をたたくときは、一度手を合わせ右手を左手の指の第一関節程度の位置にずらしてたたき、終わったときに戻します

二拝二拍手一拝が一般的

まず軽く会釈（揖）します。その後、二拝（2回お辞儀をすること）し、二拍手（2回手をたたく）。神様に感謝の気持ちを伝えたら、最後に一拝。この動作を「二拝二拍手一拝」といいます。拝は神様に対する礼なので、90度でしっかりと。それぞれの動作の間は、ひと呼吸おくと美しいでしょう。二拝二拍手一拝が終わったら一揖を。一歩下がってから、神様におしりを向けないように反れて、社殿をあとにします。

7 お守りを頂く

お参りが終わったら授与所へ

拝礼が終わったら、お守りやお札を授与している授与所で、お守りを頂きます。どのお守りを頂いたらよいかわからない場合は、願意の書いてない一般的なものがよいでしょう。

返却するときは

神社にお返しを

お守りは毎年新しいものに替えるとよいとされています。古いお守りは神社の「古神札納め所」などの表示の場所へ返却しましょう。

持ち方

身に付けられるお守りは肌身離さず持ち歩くとよいでしょう。持ち歩き方はかばんに付ける、胸ポケットやお財布などに入れておくなどがよいでしょう

車では

交通安全のお守りはここに祀らなければいけないというルールはありません。ステッカータイプも使いやすいでしょう。運転を妨げない場所につるしたり、貼ったりしてください

持ち歩けないサイズのものやお守りがたくさんある場合などは、家で保管してもよいでしょう。神棚がベストですが、神棚がない場合は、目線より上の平らな場所に半紙を敷いてお祀りします

仕事運向上のお守りなど、会社のデスクの上に置くのもよいですが、人目に触れたくないのでしたら、身に付けておくほうがよいでしょう。お札を会社で祀るのでしたら、北を背に南向きか、西を背に東向きがよいでしょう

おさえておこう！

＼初めてでもわかる！／

神社の基本情報教えます

「そもそも神社ってどういうところ？」「神社とお寺の違いって何？」……そんな、聞きたくても聞けなかった、神社に関する素朴な疑問にお答えします。

神社の始まり

日本人は古代からあらゆる物に神が宿っていると考え、天変地異、人間の力ではどうにもならないような災害は神の戒めだと思っていました。ですから、自然のなかに神を見いだし、平穏無事を願いました。そのため、特に大きな山や岩、滝や木などに神の力を感じ、拝んでいた場所に社を建てたのが神社の始まりです。

神社とお寺の違いは？

大きな違いは、神社が祀っているのは日本古来の神様、お寺が祀っているのはインドから中国を経由して日本に伝わった仏様です。仏教が伝わったのは6世紀ですが、100年ほどたつと神様と仏様は一緒であるという神仏習合という考えが生まれます。そして明治時代になり、神様と仏様を分ける神仏分離令が出されました。

日本の神道の歴史については、P.51のコラムもチェックしてみてください。

神社で祀られている神様って？

日本人は「日本という国は神が造り、神に守られてきた」と思ってきました。そこで神社では日本を造り治めた神々、風や雨、岩や木に宿る神々を祀っています。さらに菅原道真公や織田信長公など、怨霊の祟りを逃れるためや歴史上に大きな功績を残した人物も神としてあがめてきました。

私は学問の神様です

ワシも神じゃ

神主さんってどういう人？

神社で働く人のこと。神社内の代表者を宮司といいます。位階は宮司、権宮司、禰宜、権禰宜、出仕の順となっています。神職の資格をもち神社に奉職する人を神職と呼び、神職を補佐するのが巫女です。神職になるには資格試験に合格するなどが必要ですが、巫女は特に資格はありません。

神社という場所とは

神社は神様のパワーが満ちている場所です。一般的には、神社に参拝するのは神様に感謝し、神様からパワーをもらうため。そのためには自分の望みは何か、意思を神様に伝え、祈願することが大事です。感謝の気持ちを忘れず、一生懸命活動している人に神様は力を与えてくれるからです。また災難を除くお祓いを受ける場所でもあります。

「お祓い」を受ける理由

穢れを落とすためです。「穢れ」は洋服などの汚れというより、内面的に清らかではないものです。知らず知らずに犯してしまった悪い行いや邪心など、気の衰えた状態、死を穢れととらえ、それに触れることも穢れとされてきました。穢れは災難を呼びます。その穢れを浄化するのがお祓いです。ときにはお祓いを受けリフレッシュすることも必要です。

神様のことが理解できる

／神社めぐりをもっと楽しむために／

知っておきたい『古事記』と神様

日本を造った神様のエピソードが書かれているのが『古事記』。『古事記』を読むと、神様のことが深く理解できます。難しそうだけど、ポイントをおさえれば神社めぐりがより楽しくなるでしょう！

『古事記』でわかる神様の履歴

『古事記』には神々がどのように誕生し、どんな力をもっているのかなど、さまざまなエピソードが紹介されています。つまり神様のプロフィールが記されているというわけです。神社の多くが『古事記』で登場する神々を御祭神として祀っています。ですから、『古事記』を読むとその神社の御祭神のことが、より深く理解できるようになるのです。

『古事記』は神道の神典

『古事記』という書名は、「古いことを記した書物」という意味。全3巻からなる歴史書で、日本誕生に関する神話、神武天皇から推古天皇までの歴代天皇一代記などが記されています。乙巳（いっし）の変で天皇記などの多くの歴史書が焼失してしまいましたが、天武天皇の命で焼失した書に代わる国史の編纂を稗田阿礼（ひえだのあれ）の記憶などを頼りに太安万侶（おおのやすまろ）が文字にして、編纂しました。

御祭神を理解してから神社に参拝

神社の御利益は御祭神のプロフィールに大きく関係しています。例えば大国主命（オオクニヌシノミコト）。試練を乗り越えて恋人と結ばれたと『古事記』に書かれていることから、オオクニヌシを祀る島根県の出雲大社は日本一の良縁パワースポットといわれています。ですから、神社でお願いごとをするときには、御祭神について知っておくと、その神社はどんな御利益があるかがわかるようになるのです。

『古事記』に登場する神様のなかでもまずは5大神様は知っておこう

国生みの神様、太陽神、縁結びの神様。大勢いる神様のなかでも絶対、知っておきたい最重要5大神様を紹介します。

神様Profile

日本を造った国生みの神

イザナギノミコト【伊邪那岐命】

神生み、国生みの男神。イザナミを妻とし、淡路島など数々の島を生み、日本列島を造りました。アマテラスやスサノオをはじめ、多くの神々の父親でもあります。妻が亡くなると黄泉(よみ)の国(死者の国)まで会いに行くという愛情の持ち主で、夫婦円満、子孫繁栄、長命の御利益などで有名です。

多くの神々を生んだ女神

イザナミノミコト【伊邪那美命】

イザナギの妻として神や日本を生んだ女神。イザナギとともに日本最初の夫婦神です。火の神を出産したことによる火傷で亡くなってしまいます。そして、死者の世界・黄泉の国の主祭神となります。イザナギとともに祀られ、万物を生み出す神として信仰されています。

御祭神の神社 ➡ 伊佐須美神社(P.66)、多賀大社(P.81)など

3 天上界を治め、太陽を司る最高神

アマテラスオオミカミ【天照大御神】

イザナギから生まれた女神。天上界である高天原を治める太陽神で八百万の神々の最高位に位置し、皇室の祖神とされています。全国の神明神社はアマテラスが御祭神で、その総本宮が伊勢神宮内宮です。アマテラスオオミカミには、日頃の感謝をすることで全般的な開運に導いてくれます。

御祭神の神社 ➡ 芝大神宮(P.39)、元神明宮(P.57)など

4 厄除けの神として全国で信仰される神

スサノオノミコト【建速須佐之男命】

アマテラスの弟。イザナギから誕生。父からは海を治めるように命じられますが、母のいる国に行きたいと反抗したため、追放されて放浪の身に。出雲に降り、ヤマタノオロチを退治して美しい妻を得ます。乱暴者ですが、強大な力で厄を祓い、困難を乗り越え、縁結び、開運など多くの願いごとに応えてくれます。

御祭神の神社 ➡ 武蔵一宮 氷川神社(P.54)、須賀神社(P.82)など

5 優しくて恋多き、モテモテの神

オオクニヌシノミコト【大国主命】

スサノオの子孫です。ワニに毛をむしられた白ウサギを助けた神話『因幡の白ウサギ』で有名です。スサノオが与えた試練に耐え、人間界を治め、出雲の国造りを行いました。『古事記』によれば多くの女神と結ばれ「百八十」の神をもうけたとあり、良縁や子孫繁栄に御利益があるといわれています。

御祭神の神社 ➡ 小國神社(P.40)、地主神社(P.87)など

相関図

① イザナギ ＝ ② イザナミ

イザナギの子：③ アマテラス、④ スサノオ、ツクヨミ

スサノオ ― スセリビメ ＝ ⑤ オオクニヌシ（スサノオ…⑤ オオクニヌシ）

5大神様が主役。3つの神話

日本の神話で特に知っておきたい、3つの神話を『古事記』のなかからダイジェストでご紹介！

その1

日本列島とアマテラスの誕生

「国を完成させよ」と天上から命じられたイザナギとイザナミ夫婦は矛で海をかき回し、日本で最初にできた島・オノゴロ島を造ります。島に降り立ち、夫婦は島や多くの神々を生んでいき、日本列島が完成しました。ところが、イザナミは火の神を出産したときに亡くなり、黄泉の国（死者の国）へ行ってしまいます。妻を忘れられないイザナギは、妻を連れ戻しに黄泉の国に行ったものの、イザナミは屍と化した醜い姿になっていて、ビックリ！　驚いて逃げる夫をイザナミは追いかけます。

壮絶な夫婦バトルの末、夫・イザナギは無事、黄泉の国から生還。イザナギは穢れを祓うため、禊を行います。この禊によって日本の神話で重要な神、アマテラスやスサノオ、ツクヨミが生まれたのでした。

Point

多くの神様と日本列島を生んだことから、イザナギとイザナミの夫婦神は力強い生命力を与えてくれ、子孫繁栄や夫婦円満、厄除けの神様とされています。多賀大社などに祀られています。

その2

神々の中心のアマテラスと弟のスサノオ

父に海原を任せられたスサノオは泣いてばかりで、すべきことをしないため、父の怒りを買い海原を追放されてしまいます。

そこで母のいる根の国に向かう前に姉のアマテラスに会いに天上界を訪ねます。アマテラスは「弟が攻めてきたのか」と疑いますが、スサノオは邪心がないことを証明します。しかし、スサノオの変わらない行儀の悪さを恐れたアマテラスは天岩戸に籠ってしまい、天上界に光がなくなってしまいました。困った神々はアマテラスを岩屋の外に出して、光を取り戻そうと連日会議。「岩屋の扉の前で大騒ぎすれば、アマテラスは様子をうかがうために外に出てくるのでは？」と考え、岩屋の外で神々の歌や踊りが始まりました。アマテラスが外をうかがおうと扉を少し開けた瞬間、力の神・天手力男神が扉を開き、アマテラスを引き出し世界に光が戻りました。この事件の原因でもあるスサノオは天上界からも追放されてしまいます。

その後、出雲の国に降り立ったスサノオは美しいクシナダヒメに出会います。ヒメは泣きながら、8つの頭と尾をもつ大蛇ヤマタノオロチに襲われていると訴えるのです。スサノオはオロチを退治。出雲に宮殿を建て、クシナダヒメを妻に迎え、仲よく暮らしました。

何だか楽しそう

Point

最も貴い神・アマテラス。伊勢神宮をはじめ全国の神社に祀られ、神々の中心的な存在です。スサノオは強大な力をもち、愛する者のために闘うという一途さがあり、厄除け、縁結びのパワーがあります。

その3

国造りと国譲り

オオクニヌシには八十神といわれる大勢の兄弟神がいて、いつもいじめられていました。兄弟神たちは因幡の国に住む美しい神・ヤガミヒメに求婚するため旅に出ます。オオクニヌシは彼らの荷物持ちとして同行。道中、毛皮を剥がされ八十神にいじめられた白ウサギを助けると、そのウサギは「ヒメはあなたを選ぶでしょう」と予言。そのとおりに結ばれます。怒った兄弟たちは、オオクニヌシを殺してしまいました。

しかし、オオクニヌシは母の力で麗しい男として蘇ります。母が言うには「兄弟たちに滅ぼされる前に根の国に逃げなさい」。

逃亡先の根の国は死者の国のような場所で、出雲から移ったスサノオが住んでいました。そこでスサノオからさまざまな試練が課せられますが、スサノオの娘スセリビメにオオクニヌシは救われます。ふたりは苦難を乗り越えて結婚。根の国を出て、出雲の国を造りました。

さて、天上界ではアマテラスが地上界を平定しようとしていました。アマテラスは交渉役としてタケミカヅチを出雲に送り込みます。彼はオオクニヌシの息子と力比べをして、勝利。そこでオオクニヌシは国を譲ることになりました。その交換条件として出雲に壮大な社殿＝出雲大社が建てられ、オオクニヌシは出雲の神として祀られました。

＼出雲で ひとふんばり／

Point

出雲大社に祀られているオオクニヌシは国を譲るなど協調性のある神様です。また女神にモテる神で出会いや縁を大切にしました。そこで人と人とを円満に結び付ける縁結びの御利益があります。

第一章

この神様もおさえておきたい

神武天皇

アマテラスの末裔が東征 国を治め初代天皇となる

地上に降りたニニギノミコトはコノハナノサクヤヒメと結婚。ふたりの曾孫であるカムヤマトイワレビコは地上界を統治するのに最適な場所を探すため、日向を出て東に向かいます。熊野からは八咫烏（ヤタガラス）の案内で大和に入りました。反乱を鎮め、奈良の橿原の宮で即位。初代・天皇となったのです。

ニニギノミコト

地上を治めるために 天上界から降臨

地上界を説得し平定したことで、アマテラスは、孫のニニギノミコトに地上の世界を治めるようにと告げました。彼はアマテラスから受け取った三種の神器と高天原でできた稲穂を授かり、天岩戸事件で活躍した神々を引きつれて高千穂に降臨。ニニギノミコトの子孫が今の天皇につながっていくのです。

お守り Column 神社

厄年をハッピーな1年に変える

厄払い完全ガイド

思わぬ厄難に遭遇するといわれる厄年は人生の転機でもあり、心身のバランスが変化する年齢でもあるのです。
厄年を無事に乗り切り、ハッピーな1年にするため、厄払いの御祈祷を受けて、心機一転をはかりましょう。

そもそも厄年って何のこと？

日本では人生のうちで運気が下降し、厄難に遭う可能性が高い年齢を厄年といいます。厄難とは病気、事故、不幸な出来事などさまざま。その前後の年も、前厄、後厄といい、気をつけたほうがよいとされます。厄年の考え方は平安時代からあったといわれ、古くは自分の干支の年が厄年とされていたこともあったようです。また、本厄である男性の42歳、女性の33歳は「大厄」といい、特に気をつけるべき年齢とされています。厄年には行動を慎み、注意したほうがよいとされていますが、肉体的にも精神的にも転機にあたることが多く、調子を崩しやすい年齢ともいえます。

神社では、厄払いは穢れを祓い清め、神様のご加護により、その年を無事に過ごせることを祈ります。神社のなかには、厄年＝役年という意味でとらえて、「厄年はちょうど社会的にも重要な役を引き受けるような年齢。だから、縁起が悪いわけではない」という考え方もあります。

厄年の年齢

厄年の年齢はすべて、数え年です。数え年は生まれた年を1歳とし、元旦を迎えると年齢を重ねるという考え方です。神社によっては、左の表と厄年が異なる場合があります。

男性

前厄	本厄	後厄
24歳	25歳	26歳
41歳	42歳	43歳
60歳	61歳	62歳

女性

前厄	本厄	後厄
18歳	19歳	20歳
32歳	33歳	34歳
36歳	37歳	38歳
60歳	61歳	62歳

厄払いに行ってみよう

いつまでに行く？

厄年が始まるのは、元旦または立春（節分の翌日）または旧正月などとさまざまな説があります。できれば節分までに厄払いを行えるとよいですが、時期に関係なく気になったら厄払いを受けましょう。

厄払いの流れ

多くの神社にはほかの御祈祷同様、社務所に申し込み用紙がありますから、必要事項を記入し、初穂料を添えて受付を済ませます。案内に従い、本殿へ行きます。まず、穢れを祓い、身を清めるお祓いを済ませ、その後、厄年の平穏無事を願う御祈祷を受けます。御祈祷が終わると厄払いのお札やお守りが授与されます。所要20～30分ほどです。

初穂料

ウェブサイトに金額を明記しているところが多いので事前に調べておきましょう。5000円から1万円のところが多いようです。特に記載がない場合や「お気持ちで」と言われたら、5000円以上を包みます。このような神社では値段を聞かれるのは嫌がられます。お金はのし袋に入れます。

おすすめの神社

厄払いで有名なのは、疫病を祓う祇園祭で有名な八坂神社（京都）、全国の須佐神社、スサノオ神社、厄除詣発祥の吉田神社（京都）、鹿島神宮（茨城）、熱田神宮（愛知）、日吉神社（滋賀）をはじめとする全国の日吉神社、日枝神社、鶴岡八幡宮（神奈川）。よく参拝に行く神社や身近にある神社でもかまいません。

厄年をハッピーに過ごすコツ

厄年の時期は心身ともに不調をきたしやすい年齢であることを意識して、健康管理に気をつけましょう。また、人生の転機ともいえ、さまざまな壁や試練に遭遇する年齢でもあります。厄年だから仕方がないと諦めず、試練を乗り越えれば未来が開けると前向きになることも大切です。

第二章

「絶対頂きたい！」

日本全国 すごいお守りの 頂き方 リアルレポート

入手困難、数量限定といわれるお守りから、
一生に一度しか使えない究極のお守り、知る人ぞ知るお守りなど、
さまざまな神社のお守りの頂き方と魅力を徹底レポートします

「関東一」とウワサのパワースポットで1日限定の最強お守りを頂く！

埼玉県の奥秩父に鎮座する三峯神社は、古来、日本中から参拝客が訪れるパワースポット。標高1100m。決して アクセスがよいとはいえない場所にありますが、昔も今も、多くの人が訪れます。こちらの神社で頂ける御利益たっぷりの授与品や境内の見どころを徹底取材し、お伝えします。

神社名	三峯神社（みつみねじんじゃ）
お守り名	『白』い『氣守』
初穂料	2000円
授与時間	月によって異なる（公式サイトで確認を）

三峰山の霊気を受けた御神木が入った『白』い『氣守』は毎月1日限定頒布。桐箱に入っており、1日ひとり1体のみ頂ける貴重なお守りです。テレビでその御利益が話題となり、1日は神社に多くの人がやってきます

強力な霊気でエネルギーチャージ

「関東で一番のパワースポット」といわれる三峯神社は、1900年以上前に創祀されました。江戸時代は「講」といって、村や町の有志が少しずつお金を出し合い、年に1回程度、代表者が神社を参拝し、村や町にお札を持って帰るという参拝スタイル「三峯講」が大流行しました。今も「三峯講」は続いているほど、信仰され、境内には講名が書かれた石碑がたくさん立っています。このように古くから信仰され、強力な霊気がこもった山で、強い意志を持って成し遂げたい願いがある人や、盗難等、絶対起きてほしくない厄を除け、家内安全を願う人におすすめの神社です。

また、鳥居や随身門の前などで目にするのが、御眷属（ごけんぞく）（神のお使い）のオオカミ。かつて焼き畑農業が行われていた三峰山では、オオカミは農作物を荒らす害獣を退治する大切な存在で、人々は「お犬様」と呼び、災いを除ける存在として敬ってきました。こちらのお守りは『白』い『氣守』が有名。オオカミにまつわる授与品なども多数あります。

神社の理解が深まる博物館

神社では昔から御眷属（神様のお使い）のオオカミをお犬様と呼び、あがめてきました。境内の三ツ鳥居そばにある「秩父宮記念三峯山博物館」では、オオカミが描かれた昔の掛け軸やお札、神仏習合時代の仏像など、貴重な資料を展示。こぢんまりとした博物館なので、気軽に立ち寄って

秩父鉄道三峰口
道の駅大滝温泉
140
三峯神社
278

DATA

三峯神社
主祭神／伊弉諾尊（いざなぎのみこと）・伊弉册尊（いざなみのみこと）
創建／西暦111年
本殿様式／春日造
住所／埼玉県秩父市三峰298-1
交通／西武「秩父駅」から急行バス「三峯神社行」約75分、終点下車
参拝時間／自由
URL／www.mitsuminejinja.or.jp

三峯神社の境内には神の湯という温泉があり、日帰り入浴可能。濃度の高いナトリウム系の泉質で肌がすべすべに。パワースポットの気を頂くには、その土地のものを頂いたり、温泉に入るのがよいという人も多いので、ぜひ入浴を

見どころいっぱいの境内!

広大な境内に、社殿、摂末社、宿坊、温泉などが点在。三峯神社に来たら、ぜひ訪れたい場所やパワースポットを紹介します

埼玉

極彩色の拝殿で参拝を

手水舎側からやや急な階段を上ると拝殿が。1800年の建立で、極彩色の美しい造りです。祈祷の申し込みやお守りの授与は、拝殿に向かって左側の社務所にて

拝殿前のふたつの神秘スポット!

御神木は樹齢800年の重忠杉という木。拝殿前にある2本の杉は、大きな鳥居のよう

水をかけると龍が現れる敷石。発見されたのは2012年の辰年だったそう

別世界のようなお仮屋

神の使いであるオオカミ=お犬様は山中に身をひそめていて、ここは仮のお宮としてお祀りしているので、お仮屋という名前なのだとか。オオカミ信仰の神社らしいこちらがいちばんのパワースポットという人も多く、木漏れ日のシャワーが神秘的で、別世界にいるよう

珍しい三ツ鳥居にオオカミ

駐車場の階段を上った所におみやげや軽食を提供する茶屋があり、その少し先にある三ツ鳥居。鳥居の前の1対の狛犬は、よく見ると筋骨隆々のかっこいいオオカミ!

霧に包まれる門が神秘的

1691年建立の随身門は1792年に再建。通常は三「峰」山、三「峯」神社の表記ですが、こちらでは逆に。三峰は霧の多い場所といわれており、取材当日も濃霧。神職によると、霧の日はオオカミが霊気として現れやすいのだとか

恋愛成就を願う人の必訪スポット

拝殿左へしばらく進んだ場所にあるえんむすびの木。木の下で、独特の方法で祈願すると願いがかなうとか!

えんむすび祈願してみよう!

設置してある箱に収めて、祈願する

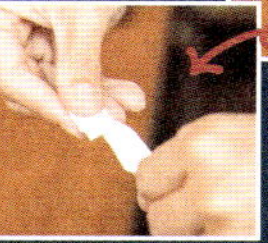

2枚の紙を重ねて、こよりを結ぶ

好きな人と自分の名前を2枚の用紙に書く

『白』い『氣守』を頂きました!

お守りを頂くのに1日がかりというウワサもある『白』い『氣守』。編集部Aが中津川さんと三峯神社へ行って、お守りを頂きました

前日までに

公式サイトで授与時間をチェック

ツイッター、Facebookもあるよ

頒布開始時間・終了時間は毎月変わります。出発前に最新情報を三峯神社の公式ウェブサイトで確認

4:30

早朝なのに駐車場はすでにいっぱい

満車

広い駐車場に車がびっしり。駐車場までが一本道なので、渋滞にはまると数時間待つことに。駐車場に入るまでが勝負です。夏休みなどのピークシーズンは、前日から駐車場が埋まることもあるそう

4:45

神職より整理券を頂く

三ツ鳥居の前に神職が待機し、ひとりにつき1枚『白』い『氣守』の引換券を配布。「早く頂きたい」と、はやる気持ちをおさえて、注意事項の掲示をチェックしましょう

参道は意外と人が少ない

5:15

まずは手水舎で清めて参拝を

拝殿前

境内に入ってしまえば意外と混雑はしませんが、拝殿前と御神木は行列ができます。まるで初詣のような光景です

5:40

授与所でお守り授与。御朱印も頂けます

かわいい鹿、発見!

専用の授与所に並び、整理券を神職に手渡して、『白』い『氣守』を頂きます。取材時は3分ほど並びました。御朱印を求める方は隣の窓口へ。人がごった返す1日でも、御朱印は書き置きではなく、なんと手書きで頂けます

6:00

念願の『白』い『氣守』、頂きました~

実際に手に取ると、桐箱と白いお守りに金色の文字が輝き、神々しさと上品さが半端ない。お守りから強いオーラを感じます

感激!

注意事項 山にある神社なので、お守りを頂くにはしっかりと準備を

- 標高1100mの場所にあるので、朝晩は冷え込み、冬は雪も。防寒対策はしっかりと
- 駐車場に入るまで渋滞します。渋滞途中でガス欠になった人も。ガソリンは満タンに
- お守りはひとり一体頒布。複数頂く、転売などは絶対NG

秩父のグルメでおすすめは、名物のわらじかつ丼と豚丼。どちらもボリュームたっぷりで、大満足。行列グルメですが、一度はお試しを! 長瀞まで足を延ばして、テレビ、雑誌等で紹介され、大人気の阿左美冷蔵のかき氷を楽しむのもおすすめです

車で行く

麓から6時間以上かかることも。とにかく早めに

簡易トイレの設置も

秩父駅から三峯神社まで通常は車で1時間程度ですが、1日は6時間以上かかるというのが最近の傾向。車の場合はとにかく早めに出発し、ガソリンは満タンに。軽食や飲み物も用意しておきましょう

バス・タクシーで行く

秩父駅から路線バスも。『白』い『氣守』専用のバスツアーも各旅行会社で販売。タクシーは乗り合いも受け付けている

宿坊に宿泊

快適＆安全でいちばんおすすめの手段

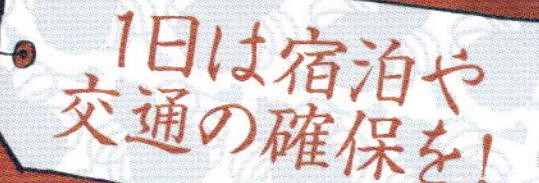

宿坊とは思えないほど食事が豪華。室内、トイレも清潔。温泉もあり快適

1日の交通渋滞に巻き込まれないためには、前日から境内にある宿坊・興雲閣に泊まるのがいちばん。ただし、1日の前後はだいぶ先まで予約がいっぱいなので、早めに予約を！

DATA
興雲閣
料金／大人ひとり1万2030円（1泊2食付）
住所・電話／三峯神社と同じ

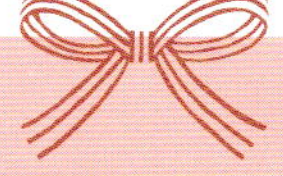

まだある！おすすめの授与品

通常の氣守

常時頒布している氣守。黒地に青の刺繍が入ったものは男性に人気。桃は女性に人気

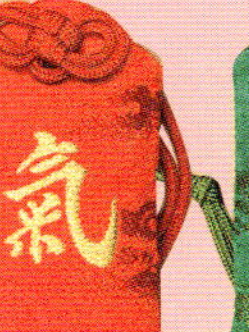

黒　赤　緑　桃

神乃山水

妊活中のタレントが大量買いし、その後、妊娠したことで世の中に広まったパワーのある御神水

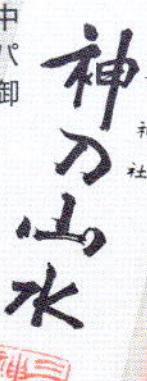

御眷属拝借

御眷属（神の使い）のオオカミを1年借りるというシステムのこのお札は、1年たったらお返しすること。頂いたあと、鳥居をくぐるときにサワサワした音がしたなど、逸話多数。あまりの霊験に1年たたずにお返しする人もいるとか

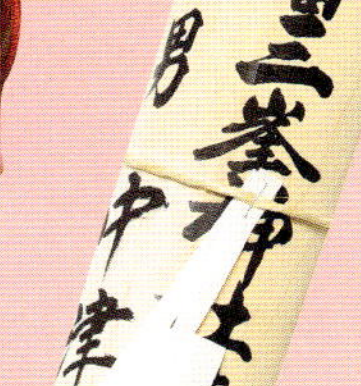

御朱印帳と御朱印

オリジナル御朱印帳は、立体的で珍しい。1日に参拝した記念に、御朱印もぜひ頂こう

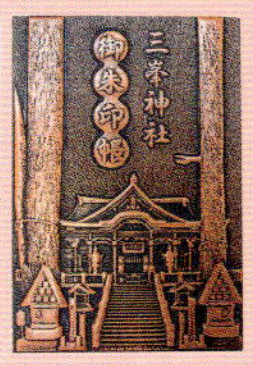
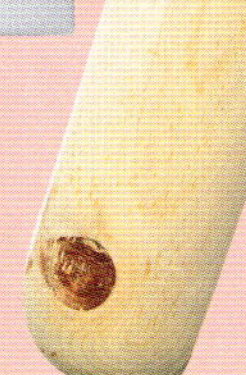

子授けに御利益あり

ごもっとも様

節分に行われるごもっとも神事の際に頂けるお札。子授けの効験があるといわれています。中津川さんご自身もその御利益を実感

掛け軸

家の壁にかける大きなタイプの掛け軸。中津川さんによると「たいへん御利益がある」とのこと

政財界のレジェンドが信頼した神社で 仕事運を最強に、家庭を円満に

「こちらの神社は、すべてが一流」と中津川さんが太鼓判を押す東京の日枝神社は、今も昔も政財界のトップが参拝する日本の原動力。都会の真ん中にある神社に足を踏み入れただけで、ただならぬ風格を感じます。「仕事運最強」といわれ、仕事や事業で成功をおさめたい方におすすめです。

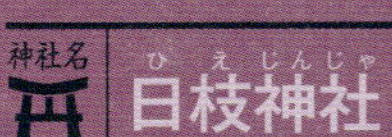

神社名 日枝神社

お守り名 鎮宅鈴守

初穂料 2000円

授与時間 9:00〜16:30

鈴の音は邪気を祓うと信じられ、神社では土鈴や金属の鈴の授与品がよく見られます。こちらは南部鉄器のようなどっしりとした造りが珍しく、音がとても美しいので、心が清らかに。神棚はもちろん、玄関やリビングなどに置いても

人生の節目に幸せを祈願

オフィス街という土地柄、ビジネスマンの参拝者が多い日枝神社。七五三や結婚式など、人生の節目をお祝いし、幸せを祈願する家族の姿もたくさん見られます。最近では訪日外国人旅行者の訪問も多いそう

日本の発展を支えてきた最強神社

古くは徳川家、現在も政治家や企業のトップが参拝に訪れ、日本の政治の中心地・永田町をはじめ、多くの企業が集まる千代田区や中央区を氏子地域とする神社です。東京が繁栄を続けているのは、徳川家康の時代、天台宗の僧侶・天海が江戸の都市計画を風水に基づいて行ったため、風水的に守護されているからといわれています。その都市計画で日枝神社は、江戸城の裏鬼門（西南）を守る存在とされ、今も皇居の西側に広大な氏子地域をもちます。御祭神は山の神であることから、万物を創造する強力なパワーをもつ神として知られています。本殿でしっかりとお参りしたら、未来をよりよい方向に切り開くといわれる末社・猿田彦神社を訪問しましょう。「みちひらき」の神と呼ばれる猿田彦命が、これから進むべき道を明るく照らしてくれることでしょう。さらに日枝神社は、祭祀も神職も氏子も一流で、動きに隙がなく、些細なことにまで注意が払われています。神様も神職も氏子も、最高の力が発揮されている場所なのです。

DATA

日枝神社

主祭神／大山咋神（オオヤマクイノカミ）
創建／西暦1185〜1200年
本殿様式／権現造
住所／東京都千代田区永田町2-10-5
交通／地下鉄「溜池山王駅」から徒歩約3分、「国会議事堂前駅」「赤坂見附駅」から徒歩約5分
参拝時間／4〜9月 5:00〜18:00、10〜3月 6:00〜17:00
URL／hiejinja.net

日枝神社がある赤坂は和菓子屋さんがたくさん。神社のお下がり（神前にお供えし、神様の力が宿った食物）で頂けるお菓子は「赤坂 松月」のもの。甘さ控えめのあんがおいしい。「赤坂青野」の大福はスティーブ・ジョブズが気に入り、半年間、定期配送を依頼したとか！

個性的な3ヵ所の鳥居！

広大な敷地に必見スポット点在

フォトジェニックな鳥居や荘厳な雰囲気の参道、神門にあるハートマークなど立ち寄りたいスポットがたくさん！

東京

社殿まで楽々！

エスカレーターもあり
外堀通り側の鳥居をくぐると境内にエスカレーターが。雨の日も運転しています

山王男坂前にたたずむ入口
国会議事堂にいちばん近い鳥居は、目の前にある御神木のパワーが強いというわさ

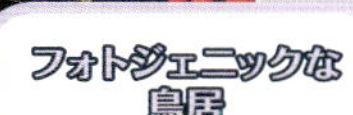

フォトジェニックな鳥居
稲荷鳥居は写真スポットとしても有名で、国内外から多くの人が訪れます

手水舎

手水舎で清めて、神門から参拝
手水舎は3ヵ所あり、宝物殿横の手水舎がメイン。こちらなら目の前にある神門をくぐって正面から参拝できます

神門

神門の左右・上下に注目を
神門の左右に随神像が。神門をくぐると門の上に「皇城之鎮（こうじょうのしずめ）」の額があり、皇居（江戸城）の裏鬼門を守る神社だったことがうかがえます

神門にハートマーク発見！

社殿

赤ちゃんを抱いている母猿像は、子宝や安産の御利益あり

左＝メス

神様と神猿にごあいさつ
まずは社殿で拝礼を。社殿前には狛犬ではなく、夫婦の猿がいます。猿は神様の使いで、神猿（まさる）といい、魔が去る、勝（まさ）る、そして猿が「えん」とも読めることから縁を結んでくれるとされ、全国の日枝神社であがめられています

商売繁昌の御利益で知られ、多くのビジネスマンが参拝

右＝オス

東京では数少ない猿田彦神社。進むべき未来の道を示してくれる「みちひらきの神」猿田彦命が祀られています

末社

知る人ぞ知る末社のパワー

社殿に向かって右に行くと末社があり、参拝すると仕事運や金運が上がると、訪問者が絶えないスポット。こちらは忘れずに参拝を

右:山王稲荷神社

猿田彦神社と並ぶ形で鎮座している、金運・商売繁昌の神様。古くからこの地に祀られていたそうです

境内の藤は春が見頃です

おすすめ立ち寄りSPOT

つきじ植むら 山王茶寮

お店の目の前の大きなイチョウの木も必見

創業昭和3年の老舗日本料理店が境内に。コース料理から甘味まで揃い、参拝後の休憩やお祝いの席など、あらゆるシーンで利用できる。ランチにおすすめなのは、天ぷらとせいろ1080円

DATA
住所／東京都
千代田区永田町2-10-5
日枝あかさか内
定休日／年中無休

宝物殿

国宝や重要文化財の太刀が数多く奉納されており、いかに多くの人が日枝神社を崇敬してきたかを感じることができます。入館無料なのもうれしい
開館時間／10:00〜16:00

季節の行事も見逃せない!

日本では、すべての自然に神が宿ると考え、四季折々の行事やお祭りを大切にすることが幸せにつながると考えられてきました。

ぜひ神社のお祭りや行事に参加しましょう!

季節ごとに開催

そのほか、60日に1回行われる「庚申の日特別祈祷 道開き参拝」は開運に御利益ありと申し込み多数。詳しくはウェブサイト参照

〔日泉流お茶会〕

境内にて煎茶のお茶会を開催。参加無料で、作法や服装は不問なのもうれしい。四季折々の草花に囲まれながら、参拝後のひと休みにぴったり

七五三の時期に設置

〔七五三の碁盤〕

拝殿前にある碁盤に子どもが立ち、四方を拝礼したあと、神社に向かって勢いよく飛び降ります。心身ともに立派に成長し、人生や勝負の運が開くよう願いを込めます

10月開催

〔中秋管絃祭〕

毎年、中秋の日に催される「中秋管絃祭」は、長い伝統に培われてきた雅楽を正しく伝える夜の祭典。「山王太鼓」「雅楽」「巫女舞」「舞楽」が披露され、神秘的です

6月開催

〔山王祭〕

大祭は山王祭と呼ばれ、江戸三大祭のひとつで、江戸時代には御神輿が江戸城内に入城できた数少ないお祭りです。現在は隔年のご神幸祭で、四谷から銀座までの氏子地域を山車で行列します

参拝のあとの食事は、「つきじ植むら 山王茶寮」のほか、ミシュラン1つ星を獲得したうなぎ懐石の「山の茶屋」がおすすめ。江戸時代から受け継いできた秘伝のたれを使った蒲焼きが名物。日枝神社のすぐ裏にあります

まだある！中津川さんおすすめのお守り

自分の願いの肌守を選び

厄除開運　交通安全　方位除　通常のお守り　身体健全　学業成就

みちびき守

末社・猿田彦神社のお守り。「みちひらきの神」の御神徳で、これから何かを始める人を、よい方向に導いていただけます

好きな袋にIN

袋守と肌守

日枝神社には昔ながらのスタイルのお守りがあります。好きな「袋守」(500円) を頂き、自分の願意の「肌守」(500円) を選び、お守り袋の中に入れて身に付けます

ステッカー

前の宮司さんがデザインしたという鳥居型のステッカー。大(400円) は車や建物に、中(200円) は自転車や手帳などに貼って、いつも身近に

御朱印グッズも豊富

2ヵ月に一度訪れる、猿田彦大神ゆかりの庚申の日限定の御朱印帳 (1000円) は、天狗の絵柄がキュート。御朱印帳袋 (2000円) や珍しい御朱印帳ケース (800円) も

御朱印を頂くとかわいい猿の絵柄のしおりと根付が！

子授守

紙でできたかわいいお猿さんが、お守りが付いた破魔矢を抱いている、子授けに御利益がある人気のお守り。見ているだけで癒やされます

hie jinja

お守りと御朱印の授与所が異なるので注意

神門をくぐってすぐ左にあります

拝殿に向かって左にある授与所

授与所で頂いたおみくじは専用の場所へ結びましょう

幸せライフをサポートする「東京のへそ」

緑豊かな神社は、古代、祭祀が行われた神聖な場所で、不思議なパワースポットです。

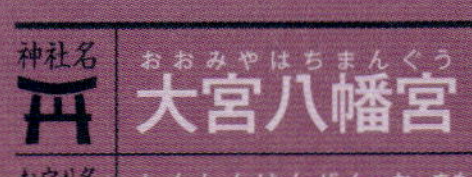

神社名 大宮八幡宮（おおみやはちまんぐう）

お守り名 心身健全御守（しんしんけんぜんおまもり）

初穂料 700円

授与時間 9:00〜17:00（11〜3月）、〜18:00（4〜10月）

「何ごとも心と体の健康から」と、心身健全の祈願が込められています。菊紋と神の使いである鳩の柄が刺繍されており、赤と青の2色があります

すべての幸せは健康から！

御神水が頂ける多摩清水社

右側にある蛇口をひねると龍の口から水が出てきます。この御神水を飲むと寿命が延びるといわれています

巨石をなでると願いがかなう

境内の入口近くに蛙のような巨石があります。ここをぐるりと回り、石をなでると、願いがかなうそう

大きな共生（ともいき）の木

縁結びスポットとして有名。カヤの木に山桜が寄生していて、ふたつの異なる木がひとつに交わっている姿は、夫婦和合などを示唆しています

神聖な土地にある神社が幸せな人生を導く

境内に小さなおじさんの姿をした妖精がいて、見つけたら幸せになる……という都市伝説で有名な大宮八幡宮。東京の重心に位置するため「東京のへそ」ともいわれ、緑あふれる1万5000坪の境内は、東京23区で3番目の広さを誇っています。神社の北側には都内で初めて方形周溝墓（ほうけいしゅうこうぼ）（弥生時代から古墳時代初期に作られた墓）が発掘されました。遺跡があるくらい、古くから神聖な場所とされていたということでしょう。安産祈願や厄除けの神社として広く知られていますが、境内社には学問の神様や衣食住を守る神様も祀られています。人生における、さまざまな願いごとをかなえ、幸せに導いてくださる神社でしょう。

御朱印

安産祈願で知られている神社だけに、「子育厄除」の印が

月代り御幣守護

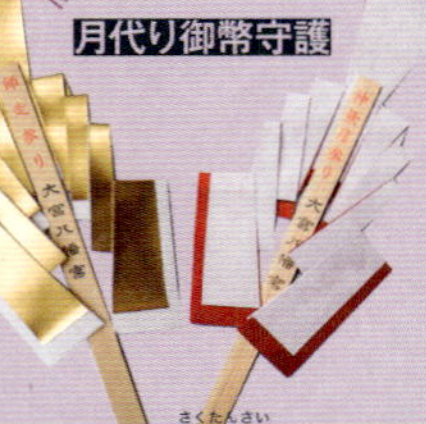

毎月1日に行われる朔旦祭（さくたんさい）では、神様の依り代となる御幣を頂けます（3000円）。串に月の名前が入り、師走は金色に

高千穂大学
大宮八幡宮
永福図書館入口
方南通り
西永福
井ノ頭通り
京王井の頭線
西永福駅

DATA

大宮八幡宮

主祭神／応神天皇（オウジンテンノウ）、仲哀天皇（チュウアイテンノウ）、神功皇后（ジングウコウゴウ）

創建／西暦1063（康平6）年

本殿様式／流造

住所／東京都杉並区大宮2-3-1

交通／京王線「西永福駅」から徒歩約7分

参拝時間／自由

URL／ohmiya-hachimangu.or.jp

何といっても有名なのが「小さいおじさん」。衣食住の神様である境内社・大宮稲荷神社の土台あたりで出現するとか。また大宮三宝荒神社に祀られている三宝荒神は、仏教のかまどの神様ですが、神棚で祀られることも多く、金運をもたらすと信じられています

絶対頂きたい貴重な縁結びのお守り

「関東のお伊勢さま」として平安時代から信仰されてきた神社の美しい授与品です。

数量限定の美しいお守り

神社名	芝大神宮（しばだいじんぐう）
お守り名	千木筥（ちぎばこ）
初穂料 	1500円
授与時間	9:00～17:00

美しい藤の花が描かれた3つの木の箱が、つるで束ねられています。数量限定で、運よく手に入れられたら、タンスに入れて大切に扱い、祈願しましょう

ビジネス街にたたずむ神社
東京タワーや増上寺に近く、ビジネス街にひっそりとたたずむ神社。縁結びを願う人だけでなく、仕事での成功を祈る人、健康を祈願する人などが絶えず訪れます

元祖「関東のお伊勢さま」

おもに祀られているのは、伊勢神宮の内宮・外宮の神様。江戸時代、伊勢はなかなか行けるところではありませんでした。芝大神宮は江戸でもお参りできるお伊勢さまとして関東一円から崇敬者を集めました。9月に11日間も行われる「だらだら祭」が有名で、その際に縁起物として生姜や赤飯などの食べ物が入った千木筥が当時から売られていました。千木筥は現在、食べ物ではなく、大豆が数粒入っています。千木筥という名前は諸説あり、神社の屋根の上に斜めに出ている木＝千木を削ってできた箱だったからという説がそのひとつ。また千木の「木」は着物の「着」ということで、千着の着物があるほどのところにお嫁に行けるという、縁結びの授与品として知られるようになりました。同様に、千着の着物が着られるくらいの役がもらえるということで、歌舞伎役者をはじめ芸能人の縁起物としても有名です。

生姜塚
当時このあたりは生姜畑があったことで、近辺では生姜が売られており、「だらだら祭」は生姜祭ともいわれていました。授与品にも生姜飴があります

御朱印
オリジナルのしおりと生姜飴が付く（初穂料500円）

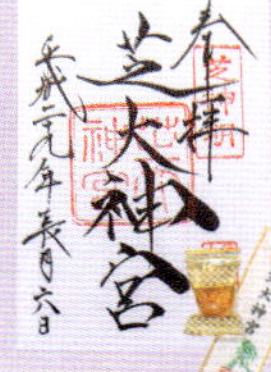

強運守
「ごううん」と読み、その年の幸運色で作られる強運のお守り（800円）。芸能人が手に入れたといううわさで全国的に有名に。数量限定

千木筥ストラップ
千木筥は普段身に付けるのには向いていませんが、素焼きのストラップ型のもの（800円）があります。こちらも壊れやすいので、バッグやポーチに入れて

御成門駅 芝公園 港区役所 芝大神宮 都営浅草線 第一京浜 JR山手線 大門駅 都営大江戸線 大門 浜松町駅 都営三田線 芝公園駅 東京モノレール

DATA
芝大神宮
主祭神／天照大御神（アマテラスオオミカミ）、豊受大神（トヨウケノオオカミ）
創建／西暦1005年
本殿様式／神明造
住所／東京都港区芝大門1-12-7
交通／地下鉄「大門駅」から徒歩約1分、JR「浜松町駅」から徒歩約5分
参拝時間／9:00～17:00
URL／www.shibadaijingu.com

アクアシティお台場の屋上に、お台場で唯一の神社であるアクアシティお台場神社があります。この神社は芝大神宮からの御分霊が祀られています。一般的に神社は南を向いていますが、この神社は芝大神宮のある方位（北）を向いて建てられています

大国様の打出の小槌のスペシャル版「宝槌」を振って、成功をつかもう!

静岡県の遠江国一宮 小國神社は、自然豊かな地に鎮座し、出世や成功の福を呼ぶお社として、多くの人が訪れます。こちらで頂きたいのは「大成功を狙う出世のお守り」として話題となった授与品。授与するのは、氏子の人々の深い崇敬の念に包まれた、類まれなパワースポットの神社です。

神社名	小國神社（おくにじんじゃ）
お守り名	宝槌（たからづち）
初穂料	5000円
授与時間	9:00〜16:00

大国様が右手に持つ打出の小槌は、振ればさまざまなものが出てくるという伝説の宝器。富をもたらす象徴です。木目が美しい「宝槌」は職人の手による貴重な国産ケヤキの静岡挽物。身に付けられるミニサイズ（右・800円）も

各界の著名人や大企業のトップも人知れず通う

創祀は西暦555年。小國神社の鎮座地は、浜松市の北東に隣接する通称「遠州の小京都」静岡県森町にあります。御祭神は、大国主命（オオクニヌシノミコト）との名で広く知られる大己貴命（オオナムチノミコト）。因幡の白ウサギのお話で知られる「大国様」です。そのため小國神社は、同じ大国主命を祀る島根県の出雲大社と縁が深く、明治15年の火災を受けて明治19年に再建された本殿は、出雲大社の設計図を基に約2分の1の大きさで造営されています。また、社名の「小國」とは、「神が鎮まるにふさわしい美しい土地」を意味しています。お膝元の浜松城に住んだ徳川家康の出世ぶりを考えればわかるとおり、出世成功の霊験めざましく、ここでは名前をお教えできませんが、各界の著名人や大企業の要人たちも参詣に通っているそう。こちらで人気のお守りは、大国様が手に持つ打出の小槌の形をした「宝槌」。奉製に時間を要するため入手が極めて困難といわれるレアものなので、授与所で見つけたら、迷わず入手しましょう。

歴史の香り漂う勅使参道

参道はたいてい拝殿から真っすぐに延びますが、小國神社では、神様の通り道をよけようという配慮から、拝殿正面ではなく、斜めに延びています。勅使が通ったという舗装されていない参道もすぐ隣に平行してあり、馬が通れるほどの道幅で、当時をしのぶことができます

DATA

小國神社

主祭神／大己貴命（オオナムチノミコト）
創建／（伝）欽明天皇16（西暦555）年
本殿様式／大社造
住所／静岡県周智郡森町一宮3956-1
交通／天竜浜名湖鉄道「遠江一宮駅」下車、送迎マイクロバス約10分（要問い合わせ）
参拝時間／自由
URL／www.okunijinja.or.jp

願いごとが意のままにかなう神社「事任神社（ことのままかみやしろ）」の名もある小國神社。縁結びや厄除け、心願成就、交通安全の御神徳が高い神様としても崇敬されています。参道脇の事待池（ことまちいけ）の名は、願いがかなった人がお礼に鯉を放ったという伝説から付いたそう

良縁に恵まれる石

良縁に恵まれるというこの石は、御祭神である大己貴命が遠江の国造りをしたときに、この地に授けたもの。金運石、並石、引寄石、夫婦石とも呼ばれます。石の脇に立つ松の幹をなでて、金銀石をなでれば、願いがかなうとか

Close up!

家康が座った石で再起を願う

徳川家康が座ったとされる、ありがたい石。再起をかけて出陣する途上、この石に腰をかけて休んだと伝えられます。浜松城にいた15年間の辛苦の賜物として天下統一を成し遂げた家康にあやかり、人生の再起や成功を念じ、腰かけて帰る人も多いそうです

出雲大社との深いご縁

明治15年の大火で本殿が焼失。出雲大社より設計図を拝借、約2分の1サイズで造営がかないました。たいへん珍しいご由緒の社殿で、御祭神も出雲大社と同じく西を向いています

右に立つと本殿が見える!

フォトジェニックな景観

神社に寄り添うように流れる宮川にかかる朱色の橋は、四季折々の表情を見せる木々のなかで、ひときわ映えます。周囲に広がる杉やヒノキの大樹の森は、広大な御神域でもあります

縁結びのご加護を頂こう

縁結びの御神木「ひょうの木」は、樹齢800年以上の古木。ひょうの木は、イスノキのこと。イスノキの材は古くより神聖視されていて宮中のクシにも使われました。「ひょうの実」は、葉に虫が寄生し、木質化したもので、穴の部分を吹くと「ひょう」と音がします。大己貴命が吹くと、美しい音色に誘われた女神と契りを結んだという、古い言い伝えがあります

縁結びのひょうの実

諸芸上達守

静岡ならではのお茶の香りがするお守り、「諸芸上達守」(800円)は、習い事をしている人におすすめ。人々に知識や文化を授けた御祭神が、文芸や武芸、技芸に携わる人を守護してくれます

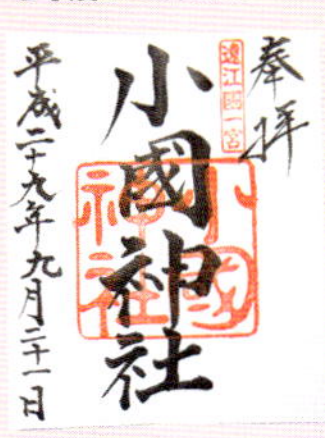

御朱印

美しい墨書の右上に「遠江國一宮」の文字が!

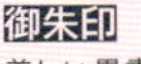

縁結びもみじ守

「もみじ守」(800円)は、もみじをかたどった水引細工のかわいいお守り。表からは「口」、裏からは「十」の字になる「叶結び」という結び方でできています。願いがかないそうなお守りです

四季折々の楽しみが豊富

十二段舞楽

十二段舞楽は701年以来の伝統とされる舞で、十二段からなります。稚児が舞う「連舞」に始まり、面を付けた大人が舞う「色香」や優雅な「太平楽」、最後は「獅子」で締めくくられます。無形民俗文化財で4月中旬に開催

菖蒲園

「勝負に勝つ」と縁起のよい菖蒲の花。参道手前の菖蒲園には、約100種類30万本の花菖蒲が咲き誇ります。5月下旬から6月上旬が見頃

紅葉

宮川沿いには、約1000本のもみじが美しく紅葉します。11月下旬の紅葉祭りでは、甘酒がふるまわれ、琴の演奏などのおもてなしが楽しめます。写真コンテストの作品も募集しているので、古代の森を写真に収めてみては

スーパーヒーローを護った剣の御神徳みなぎる熱田神宮で、連戦連勝のパワーを身に付ける!

東京ドーム4個分ほどの敷地を有する熱田神宮は、「熱田さま」と呼ばれ、親しまれてきました。45のお社を祀り、御利益も多岐にわたります。伝説の数の多さに比例するかのようにたくさんあるお守りのなかから、幸運を運ぶ「吉報守」をご紹介します。

神社名　熱田神宮（あつたじんぐう）

お守り名　吉報守（きっぽうまもり）

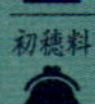
初穂料　1000円

授与時間　7:00〜日没頃（12月31日〜1月5日は夜間も授与）

ヤマトタケルは亡くなったあと、白鳥となり飛んでいったとされています。白鳥柄の星型の飾りが付いた「吉報守」は、吉報や幸運を運んでくれます。一説には、織田信長にもちなむというお守りはパワー大

神剣・草薙神剣（くさなぎのみつるぎ）をお祀りする熱田神宮

熱田神宮が鎮座するのは、名古屋市南部の熱田区神宮。創建は、1900年も昔の西暦113年と伝えられています。この年、ヤマトタケルの妃・ミヤスヒメノミコトによって天皇が継承する三種の神器のひとつ、草薙神剣が同地に祀られました。現在、皇居に祀られる剣も、壇ノ浦の戦いで海に沈んだ剣も、熱田神宮の剣の形代（かたしろ）（同じ力をもつ分身）。ただし、古代から伝わる神剣は、今も熱田神宮にあるのです。

草薙神剣は、スサノオノミコトがヤマタノオロチの尾から取り出した神剣です。アマテラスオオカミや天孫降臨で知られるニニギノミコトなどの神々を経て、第12代景行天皇の皇子・ヤマトタケルの手に渡り、国土の平定に大きな力を発揮。ヤマトタケルは、この剣を携えたときはどんな戦いも勝ち抜いたとか。そして最後、お妃・ミヤスヒメに剣を託し、剣を携えることなく伊吹山の賊の平定に向かい、山の神の毒気に触れ、命を落としてしまいました。剣にはそれほど強力なパワーがあるとされています。また織田信長は、少人数で今川の大軍を破った桶狭間の戦いを前に熱田神宮で勝利を祈願。天下取りへの第一歩を刻みました。

文化殿

常設展の拝観料は大人300円。収蔵品は、皇室をはじめ将軍や藩主、篤志家から寄進された貴重なものばかりで、国宝1点、重要文化財107点を含む6000点。2階の熱田文庫は神道関係の書籍を所蔵しています。入口すぐに展示されている太刀は入場せずに見ることができるので、時間がない人はここだけでもチェックを!

DATA

熱田神宮
主祭神／熱田大神（アツタノオオカミ）（天照大御神（アマテラスオオカミ））
創建／（伝）景行天皇43（西暦113）年
本殿様式／神明造
住所／愛知県名古屋市熱田区神宮1-1-1
交通／名鉄名古屋本線「神宮前駅」から徒歩約3分
参拝時間／自由
URL／https://atsutajingu.or.jp

熱田神宮のおみくじは、長い行列ができるほどの人気です。参詣の帰りには、参道脇の「清め茶屋」や「宮きしめん 神宮店」に寄ってひと休み。熱田神宮名物のきよめ餅とお抹茶のセットや、きしめんなどを頂くことができます

幸せを運ぶ蛇がすむ
大楠は、参道脇の手水舎近くにある樹齢1000年の御神木。弘法大師のお手植えといわれます。この大楠には蛇がすんでいて、姿を見れば開運、金運に御利益があるともいわれています

草薙神剣が祀られる本宮
本宮の御祭神は熱田大神。明治26年までは尾張造でしたが、三種の神器のひとつ、草薙神剣が祀られていることから、伊勢神宮とほぼ同じの神明造になりました

愛知

信長も勝った！
織田信長が桶狭間出陣の際、熱田神宮で必勝祈願をして大勝。お礼に奉納された築地塀は、日本三大土塀のひとつとして有名です

朱色の社殿が美しい
熱田神宮で唯一、朱塗りの社殿が美しい南新宮社。疫病退散を願う「京都祇園まつり」で有名な八坂神社と同じ御祭神、スサノオノミコトをお祀りしています。熱田神宮の御神体である草薙神剣は、このスサノオノミコトがヤマタノオロチを退治して、その尾を割いて得た剣です

旅の安全を祈願しよう
本宮に向かって左手、下知我麻神社は、旅行の安全祈願に御利益あり！　地下鉄「神宮西駅」近くに入口があるので、帰り道にぜひ参拝を。上知我麻神社（下記参照）とともに、ヤマタケルの妃の母・マシキトベノミコトが祀られています

おすすめエリア1

こころの小径

本宮裏の最も神聖な場所をめぐる自然豊かな参道。2012年に一般公開され、それまでは入ることができませんでした。通行は9:00から16:00まで

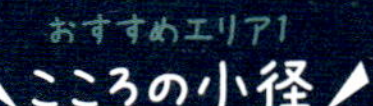

土用殿

以前はここに草薙神剣が
明治26年までは、この土用殿に草薙神剣が奉安されていました

一之御前神社

静かに通りましょう
本殿のさらに奥に位置する一之御前神社の御祭神は、本殿にお鎮まりになるアマテラスオオカミの「荒魂」。かつて禁忌だった場所も今は一般公開されていますが、撮影は禁止なので注意しましょう

清水社

願いがかなうパワースポット
清水社の御祭神は、水をつかさどる罔象女神。社殿奥には「お清水様」といわれる湧き水があり、眼や肌に御利益があります。湧き水の中の石が、楊貴妃の石塔の一部との説があり、ひしゃくで三度水をかけると願いがかなうといわれます

おすすめエリア2

正門エリア

敷地が広大な熱田神宮で、ひときわ大きな正門はたくさんの参拝者を出迎えます。正月5日は「初えびす」で大にぎわいです

別宮 八剣宮

武将の崇敬も篤いお宮
本宮と同じ神様が祀られています。このお宮は武将の崇敬も篤く信長、家康、綱吉が社殿の修理、造営などを行ったと記録されています

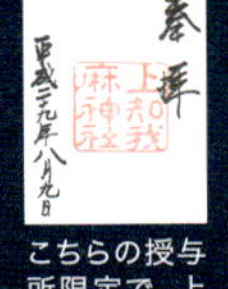

こちらの授与所限定で、上知我麻神社の御朱印が頂けます

上知我麻神社

知恵を授けてくれます
正門左手にある上知我麻神社は「知恵の文殊様」としてあがめられ、合格祈願の絵馬奉納など、篤く信仰されています。上知我麻神社の両脇に祀られるのは、大国主社（大国様）と事代主社（恵比須様）。1月5日の両社のお祭り「初えびす」は、商売繁昌、家内安全を願う多くの参拝客でにぎわいをみせます

独特の「開運システム」と福を招く猫の最強パワーで、一生お金に困らない！

昔から商業の街・大阪を支えてきた「すみよっさん」こと住吉大社。境内の楠珺社では神社に伝わる特有の方法で参拝し、招福猫を集めて、商売繁昌の縁起を担ぐため、多くの人が訪れます。境内のパワースポットで作るお守りや昔から伝わるお守りなど、身に付けたいお守りがいっぱいです。

神社名	住吉大社 楠珺社（すみよしたいしゃ なんくんしゃ）
お守り名	招福猫（しょうふくねこ）
初穂料	500円
授与時間	9:00〜16:00

商売繁昌に格別な御神徳がある末社・楠珺社では、かわいい招福猫が有名。こちらで月に1回、子猫を頂くと、48体で中猫に交換でき、中猫2体と小猫48体で大猫に。左手大猫と右手大猫を集めるまで最短でも24年かかります

住吉造の社殿は珍しい構造

社殿は、第一本宮がいちばん奥、その手前が第二本宮、第三本宮と並び、第三本宮の横に第四本宮が並ぶ珍しい造り。参拝の順番は第一から第二、第三、第四……と戻る形で行いましょう。太古の昔、神社のあたりに海岸があり、今もそれぞれに海の守護神が祀られています

神々の世界への架け橋

本宮へ行く手前にある、急な勾配が特徴の大きな反橋。太鼓橋と呼ばれています。地上界から天上界への架け橋とされ、渡ると罪や穢れが祓われ、浄化されるとか

末社も参拝して願いをかなえる

全国に約2300社ある住吉神社の総本社。摂津国一宮で、商業の街・大阪を支える神社として「すみよっさん」と呼ばれ、愛されています。例大祭である住吉祭は、「おはらい」とも呼ばれ、大阪そして全国を祓い清める祭として知られます。商売繁昌を願い大阪商人のみならず全国の人に支持されているのが、月に1回、初辰の日に4つの末社を参る、「はったつさん」こと「初辰まいり」。初辰とは、毎月最初の辰の日のことで、この日に参拝するとより願いがかなうと信仰されています。毎月招き猫を1体ずつ頂くと、4年（48回）で48個になり、「始終発達（＝48辰）」するといわれています。これだけではありません。境内の種貸社から籾種を頂き、楠珺社で稲穂と交換。浅沢社を参拝し、大歳社で精米と交換するという「みのりまいり」もおすすめです。お米は1粒の籾から何倍もの実ができることから、わずかなものから多くの利益をあげる「一粒万倍」の御利益があるといわれており、このことを具体化させたお参りです。5月の初辰が大祭で、1年で最も御利益が頂ける日とされています。

⛩ 一の鳥居前を走るのは昔ながらの路面電車。通称「チンチン電車」で、のんびり車窓の旅を楽しむのもおすすめ。「住吉鳥居前駅」で下車すれば、すぐ目の前が神社です。南海本線の「住吉大社駅」からも徒歩3分程度です

御利益強力な参拝方法!

4社参拝で人生に必要な御利益コンプリート

初辰まいり・みのりまいり

毎月最初の辰の日「初辰」の日は、多くの人でにぎわいます。また「みのりまいり」は籾種をお米に交換していく参拝方法。願いの種を授かり、育て、収穫を得るという縁起にちなんで増益を願う願掛け方法です

まず「願いの種」を授かる

1 種貸社（たねかししゃ）

子宝 智恵 資金調達

「種を貸す」お社で願いの種を授かります。子宝や智恵、資本金など、「種」にまつわる御利益が。みのりまいりでは、引換券を渡すと籾種が頂けます
初辰まいり受付時間：6:00〜16:30（御祈祷料1100円）

授かった「願いの種」を育てる

2 楠珺社（なんくんしゃ）

商売発達 家内安全

次に「はったつさん」と呼ばれる商売繁昌の神社で「願いの発達」を祈ります。種貸社で頂いた籾種は、こちらで稲穂に交換します。招福猫も頂けます
初辰まいり受付時間：6:00〜15:45（御祈祷料1500円）

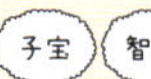

100mほど歩く

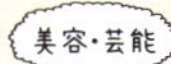

女性の守護神も忘れずに参拝

3 浅沢社（あさざわしゃ）

機転・愛想 美容・芸能

住吉大社の境内を出て、100mほど歩いたところにある小さなお社。女性に欠かせない御利益を授けるということもあり、古来、篤く信仰されてきました
初辰まいり受付時間：6:00〜16:00
※御祈祷は大歳社にて

すぐ隣

願いを成就させる

4 大歳社（おおとししゃ）

諸願成就 集金満足

最後に諸願成就が御利益の大歳社へ。境内のおもかる石は願いを占う石として、初辰の日は行列になることも。稲穂は御神米と交換します。ご飯を炊くときに混ぜて頂きましょう
初辰まいり受付時間：6:00〜16:00（御祈祷料1000円）

石を持って占ってみよう

招福猫は毎月集めなくても御利益十分！ 2体用の招福猫のケース

パワスポで作るお守りも

住吉大神を最初にお祀りした「五所御前」というパワースポット

玉垣のなかにある小石のなかから、「五」「大」「力」と書かれた石を探します

石を袋に入れて持ち歩くと、諸願成就するそう

木札のお守り

お守りの原型ともいえる木札（500円）もぜひ頂きたい

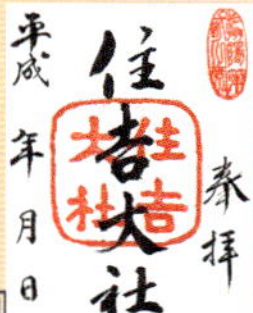

御朱印

DATA

住吉大社

主祭神／底筒男命（ソコツツノオノミコト）、中筒男命（ナカツツノオノミコト）、表筒男命（ウワツツノオノミコト）、神功皇后（ジングウコウゴウ）（息長足姫命（オキナガタラシヒメノミコト））
創建／西暦211年　本殿様式／住吉造
住所／大阪府大阪市住吉区住吉2-9-89
交通／阪堺電車「住吉鳥居前駅」から徒歩すぐ、南海本線「住吉大社駅」から徒歩約3分、南海高野線「住吉東駅」から徒歩約5分
参拝時間／4〜9月 6:00〜17:00、10〜3月 6:30〜17:00
お守り授与時間／9:00〜16:00　URL／sumiyoshitaisha.net

厄除け効果絶大！ 入手困難な指輪

不思議な神字「サムハラ」が社名の神社。指輪型のお守りがSNSで話題となりました。

神社名	𢪸抬𢪸指神社（さむはらじんじゃ）
お守り名	御神環（ごしんかん）（指輪型肌守り）・銭形肌守り（ぜにがたはだまもり）
初穂料	御神環3000円（写真右）、銭形肌守り1000円
授与時間	9:00〜17:00

どちらも「サムハラ」の文字が刻まれ、災厄や傷、病気を除ける御利益が。入手困難なのは、すべて手作りだから。「世界平和」と書かれた袋に入れて頂けます

御利益のある四文字が社名

サムハラという珍しい社名は神字で、この文字自体に功徳があるそうです。加藤清正がこの文字を刀に刻んで難を逃れたとか、サンスクリット語が語源などといわれ、唱えるだけ、眺めるだけでも御利益があるそうです。こちらは、岡山県の落合城にあったサムハラ大神を祀る祠があり、実業家・田中富三郎氏が信仰し、日清戦争と日露戦争で数々の危機を逃れられたことに感謝し、大阪に自費で建立したことが始まりです。指輪のお守りがSNSなどで話題になり、現在も入手困難となっています。授与品はほかにもあり、同じ効果があります。特に銭の形のお守りは、指輪のように身に付けやすいでしょう。

こぢんまりとした境内
オフィスが立ち並ぶ都会にひっそりとたたずむ神社。周辺はネジなどの製造工場が多く、事故防止の祈願をする人も。毎年4・10月に大祭が行われます

境内右手に社務所が
鳥居をくぐって右側に社務所があります。御神環や各種授与品、御朱印はこちらで頂けます。とても小さなお札などもあります

看板のエピソードに注目
境内の周りの看板には、御神環が身代わりとなって事故を免れた人などのエピソードが。いかにそのパワーが強いかがわかります

御朱印
サムハラの文字を見ただけで浄化されたり、パワーに圧倒されるという人も多いそう

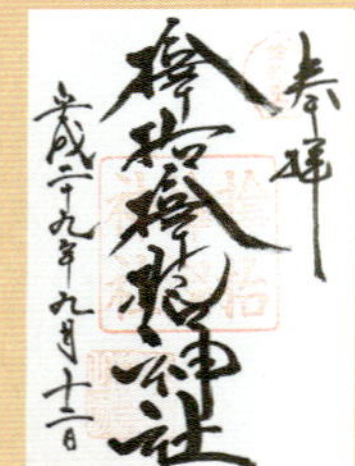

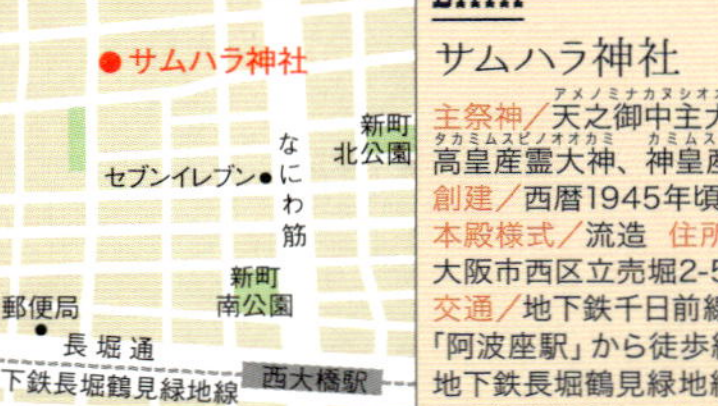

DATA
サムハラ神社
主祭神／天之御中主大神（アメノミナカヌシオオカミ）、高皇産霊大神（タカミムスビノオオカミ）、神皇産霊大神（カミムスビノオオカミ）
創建／西暦1945年頃
本殿様式／流造　住所／大阪府大阪市西区立売堀2-5-26
交通／地下鉄千日前線・中央線「阿波座駅」から徒歩約5分または地下鉄長堀鶴見緑地線「西大橋駅」から徒歩約8分　参拝時間／自由

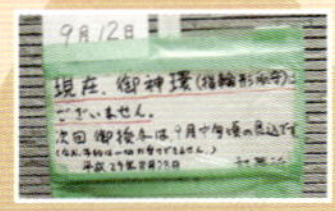

頒布状況のお知らせ
境内に御神環頒布日のお知らせが貼られることも。現在は月2回、上旬と中旬に入荷することが多いのだとか

御神環はどの指に入れてもよいそう。自分の指のサイズに合う御神環があるかどうかはタイミングしだい！ 入荷日は特に決まっていないため、神社への問い合わせは控え、授与品との一期一会を楽しみましょう

奈良【玉置神社】

神様に願いがダイレクトに伝わる聖地

修験道の聖地としてあがめられてきた神社に伝わる、強力なパワーのあるお札です。

神社名 玉置神社（たまきじんじゃ）
お守り名 魔よけ札（まよけふだ）
初穂料 500円
授与時間 9:00~16:00

描かれているのは弘法大師の絵。太陽と月、大日如来などが配され、密教の影響が感じられます。玄関の目通りより高い位置に貼り、悪魔を外から入れないようにします

手をかざしただけでパワーを感じる人も

一度は行きたい聖地

霊峰・玉置山の山頂近くに鎮座する、熊野三山の奥宮・玉置神社。白装束の修験者が険しい山道を縦走し、祈りを捧げ、修行を行う大峯奥駈道（おおみねおくがけみち）の靡（なびき）（神仏が宿る霊場）のひとつで、修験道の聖地として、あがめられてきました。修験道で修行をして何を得るのかというと、心身を鍛え、間違った考えや悩みを消し去り、超自然的な能力、霊力を得るためです。参拝の際は、まずは無心になり、感謝の気持ちを神様に伝えましょう。神職によると「玉置山は神様に近く、ここで願いごとをすると神様に直接届くといわれている」そう。少しアクセスは不便ですが、ぜひ行ってみたい聖地のひとつです。

神社の基とされる場所も参拝を

中央に黒い石が！

本殿から山道を少し上がった場所にあり、玉置神社の基といわれる玉石社も必訪スポット。お社はなく、白い玉石が敷き詰められ、中に黒い玉石の頭が見えます

悪魔退散のために創建された神社

標高1000m付近に鎮座。第10代崇神天皇の時代に悪魔退散や国家安泰のため、創建されたと伝わる本社。国指定の重要文化財でもある社務所でお札やお守りを頂きます

天然記念物の杉の大きさに圧倒される

樹齢3000年の神代杉。参道からも見え、その大きさに、まず圧倒されます。大杉や常立杉など、境内の杉は奈良県指定の天然記念物です

御朱印

神楽鈴

音色が美しい神楽鈴（1500円）もおすすめの授与品。御朱印には玉置山の文字が

DATA

玉置神社

主祭神／国常立尊（クニトコタチノミコト）、伊弉諾尊（イザナギノミコト）、伊弉冊尊（イザナミノミコト）、天照大御神（アマテラスオオミカミ）、神日本磐余彦尊（カムヤマトイワレヒコノミコト）
創建／紀元前37年
本殿様式／入母屋造
住所／奈良県吉野郡十津川村玉置川1
交通／JR「五条駅」から十津川経由新宮行バス約3時間「十津川温泉」下車、タクシー約30分「玉置山駐車場」から徒歩約15分
参拝時間／9:00~16:00　URL／tamakijinja.or.jp

「呼ばれた人しか行けない神社」ともいわれる玉置神社。神社に行く途中にカーナビが壊れたり、電車の故障が起こったりして、断念したという人がなぜか多いそう。このページを見て、「行ってみたい！」と思った人は、もうすでに呼ばれているのかも

まるで魔法の力が働いているよう。神剣のパワーで、人生の起死回生を！

日本最古の神宮のひとつとされ、全国の神社のなかでも、中津川さんいち押しの奈良・石上神宮。数多くある授与品のなかでも、特に人気があるのが、珍しい形をした刀のお守りです。ピンチや窮地から一気に挽回してくれる刀や不思議な呪文が伝わる、まるで魔法のパワーが集結したような神社です。

神剣の霊力で、まるで魔法にかけられたよう

日本書紀によれば、「神宮」と記されたのは伊勢神宮と石上神宮だけで、古代より特別な存在の神社でした。こちらのシンボル的な神宝に七支刀（国宝）があります。6月30日に行われる神剣渡御祭で御神剣として出御していた七支刀は、刀身に刻まれた銘文から日本書紀に見える「七枝刀」にあたると推測されています。御祭神の布都御魂大神は、御神体の布都御魂剣の神霊で、「ふつ」というのは刀で物を切るときの音であるとされます。古事記・日本書紀には、この御祭神が窮地に陥った神武天皇を救ったと記されています。さらにこちらは大和政権の武器庫であったともいわれ、境内に入ると秘められた強さを感じます。また境内は神さびた雰囲気に包まれ、ほかの神社では唱えられていない祝詞が唱えられています。石上神宮特有の祝詞は、死んでもよみがえるほどの霊力、活力を得ることができるといわれています。

緑豊かで神聖な境内

1年中、緑豊かで気持ちのよい境内。入口にある大きな鳥居もパワスポのひとつ。鏡池には、鯉や奈良県指定天然記念物・ワタカが生息。ワタカは別名・馬魚。伝説の魚といわれています

神の使いのニワトリ

人なつこいニワトリが元気に駆け回る、平和な雰囲気の境内。夜明けを告げるニワトリは「闇を払い、光をもたらす神使」としてあがめられる

中津川さんによると「現代的にわかりやすく言うと、こちらの神社のパワーは、ゲーム『ファイナルファンタジー』でいうところのポイゾナとケアルガ、ヘイストのような魔法を合わせた力というイメージ」。そんな不思議な力が境内に広がっています

神社一の美景スポット

鳥居をくぐって進むと右手に、美しい自然と一体化しているような手水所が。そのすぐ左は「石上神宮拝殿を眺望する楼門前参道」として奈良県景観資産となっているスポット。ぜひ写真撮影を！

屋根がない手水所！

奈良

古代の神道が残る神社

日本最古といわれる拝殿は国宝、楼門は重要文化財で、拝殿は鎌倉時代初期、楼門は鎌倉時代末期の建立。石上神宮には、秘伝の鎮魂行法が伝わり、ほかの神社では唱えられていない祝詞が唱えられています。例えば「一二三四五六七八九十ふるべゆらゆらとふるべ」という十種祓詞は、死んだ人もよみがえるほどの霊力、活力を得られるといわれています

摂社の拝殿も必見！国宝です

ヤマトタケルの妻の神社

楼門と向かい合う静かな場所に摂末社が鎮座。摂社・出雲建雄神社は草薙剣の激しく活発な魂「荒魂」をお祀りしています。江戸時代には、出雲建雄神は御祭神・布都斯魂大神の御子神と考えられ、そのため「若宮」と呼ばれていました。

伝説になったふたつの神杉

拝殿横の大きな神杉。昔、神社の近くを流れる布留川に流れ着いた鉾を埋めて祀った場所から、芽が出て成長したという伝説の杉なのだとか。どちらも樹齢300年以上。はっきりとした皮目の模様が美しい

七支刀の御朱印は刀の持ち手を模したこちらの印で押印！

DATA

石上神宮

主祭神／布都御魂大神、布留御魂大神、布都斯魂大神
創建／崇神天皇7年　本殿様式／流造
住所／奈良県天理市布留町384
交通／JR桜井（万葉まほろば）線・近鉄天理線「天理駅」から奈良交通バス約11分「石上神宮前」下車徒歩約5分
参拝時間／6:00〜18:00　※時間は季節により変動
URL／isonokami.jp

ネクタイピン

七支刀の細部まで忠実に再現されている（3000円）

御朱印

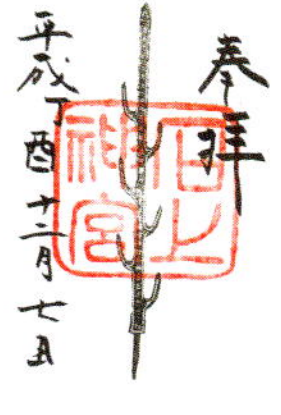

2種類。年の表記が独特。左の七支刀の印は700円

一生に一度しか使えない、究極のお守り!?

ここぞというとき箱の中の巻物を開けて人生最大のピンチを乗り切ろう!

山岳での厳しい修行に山伏が携行する「九重守」は、険しい山の頂に建つ大峯山寺のお守り。しかも山は女人禁制です。かなり入手困難のため、おすすめしたいのが奈良県の吉野にある「櫻本坊」。こちらは大峯山寺を維持管理する護持院で、実は同じ「九重守」を頂くことができるのです。

寺名	櫻本坊(さくらもとぼう)（大峯山護持院）
お守り名 	九重守(ここのえまもり)
初穂料 	3000円
授与時間 	8:30～16:00

箱の中には封をされた巻物が入っています。「ここぞ」というとき封を解き、巻物を広げ、祈念しましょう。開けたあとは、小袋に入れお守りとして持つもよし、神棚や仏壇にお祀りしてもよし

吉野は桜の名所!

元祖夢占い!?　夢見の桜

万葉時代に天武天皇が建立した櫻本坊。天智天皇の弟・大海人皇子は、吉野山に桜が咲き誇る夢を見ました。役行者の弟子、角乗に夢の意味を尋ねると「桜の花は日本の花の王。天皇の位につく知らせでしょう」と告げられます。夢占いのとおり、翌年、天武天皇として即位。夢の桜を求めて吉野山に登り、その桜に出会った天武天皇は、その場所に道場を建て「櫻本坊」と名づけたのです

修行を通じて人々を救う修験道とは

手にはほら貝と長い金剛杖。大声で「さーんげさんげ、六根清浄(ろっこんしょうじょう)」と「掛け念仏」を唱えながら、険しい山へ分け入っていきます。テレビなどで、そんな山伏(やまぶし)（修行者）を見たことはありませんか？山伏たちが信仰するのが日本独自の山岳宗教「修験道」です。修験道の誕生は1300年余り昔の飛鳥時代で、開祖は「役行者(えんのぎょうじゃ)」という呪術者。山そのものを敬う日本古来の信仰に、日本に伝来したばかりの仏教を合わせた宗教で、山中での厳しい修行によって特殊な力を身につけ、人々を救うのが目的です。修行の場となる「霊山」は、全国にあり、今でも信仰されています。役行者が開いた大峯山寺の「九重守」は、仏様の絵がたくさん描かれた小さな巻物。修行中に命を落としそうになった山伏が、巻物を開いて願を掛けるのです。大峯山寺を維持管理する護持院のひとつである櫻本坊でも、この「九重守」を授与されています。病人や危篤の方が使用することもあるため、郵送でも対応しているそうです。

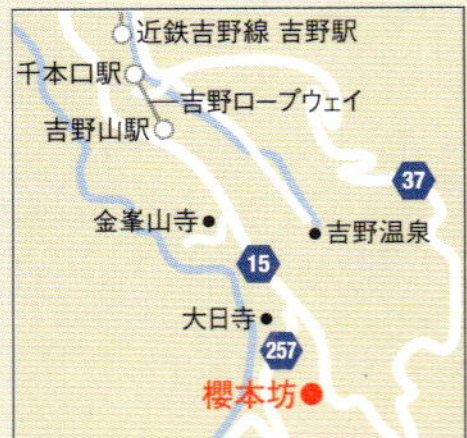

DATA

大峯山護持院　櫻本坊

住所／奈良県吉野郡吉野町吉野山1269

交通／近鉄「吉野駅」から徒歩約45分（時期により臨時バスあり）

参拝時間／8:30～16:00

URL／www.sakuramotobou.or.jp

初心者でも修験道のすばらしさを体験

奈良

修験道の道場である櫻本坊は、世界遺産・金峯山寺を総本山とする別格本山で奈良県の吉野山中に位置します。万葉時代に天武天皇が建立した由緒あるお寺で、総本山に準ずる格の高さを誇り、日本最古といわれる聖天や天武天皇御念持仏である釈迦如来、御本尊の役行者など、多くの神仏をお祀りしています。一般の人たちも修験道のすばらしさに触れられるよう、女性や子どもでも参加できる修行体験なども実施しています。また修験道の修行は、厳しいものだけでなく、人間が本来もっている、純粋で優しい気持ちを取り戻すことも修行のひとつと考え、日常を離れて自己と向き合う場を提供しています。

護摩祈祷で心安らかに

護摩とはもともと智恵の火で迷いの薪を焼き尽くすことで、古代インドの火祭りが起源。本尊の前の壇で護摩木を焚いて、厄難を除き、平和と幸福、心願成就を祈願します

種類が豊富な御朱印

御朱印の種類が多い櫻本坊。大峯山寺の護持院であるため、「九重守」のみならず大峯山寺の御朱印を頂くこともできます

Column 神社とお寺は一緒だった!?

八百万の神の国・日本ならではの宗教概念

八百万の神というほど、多くの神を信仰してきた日本。仏教などが伝来して以来、日本古来の風習が仏教に取り入れられたり、外来の思想が神社に影響を与えたりして、共存していました。例えば、お盆に迎え火を焚くことや位牌を作り自宅で祀るのは日本の祖霊崇拝を仏教が取り入れたものといわれています。そのなかで生まれたのが、日本古来の自然崇拝の山岳信仰に、仏教の要素が大きく取り入れられた修験道です。神仏分離令の後、修験道も禁止され、寺院は仏教色を薄めて神道として存続しました。金峯山寺も一時は神社に改められました。寺院に復活したり、存続したところは、現在でも神仏習合時代の面影を残しています。

日本古来の信仰

自然崇拝や共同体の守護神として祀られていた日本古来の風習に基づいた信仰。すべてのものに神が宿るという考え、祖霊信仰、穢れに対する風習が形成されました。神と人とを結ぶ祭祀を行う聖域として神社が建てられました。

↓ 儒教、陰陽道、仏教などの伝来と影響

神仏習合

特に仏教が伝来してからは、日本の神様は仏が仮の姿で現れたものと考えられたり、逆に仏は神様の仮の姿であると考えたり、神様と仏様は同一視されました。神社でお経が唱えられるなど祭祀に明確な仕切りがなくなっていきました。

↓

神仏分離、国家管理

江戸時代になり、日本古来の文化風習の研究が盛んになりました。忘れられていた神道が復活し、仏よりも神様を敬おうとする動きが出てきました。明治維新政府はこの流れから神社とお寺を分離する政策を出し、神社は日本古来の風習であり、宗教ではないとし、国家管理としました。

↓

神道指令、宗教法人化

終戦後、GHQは日本の強さは神道にあると目をつけ神社の国家管理の廃止を指令。当時の国際条約では敗戦国に宗教政策を行ってはならないが、神道は宗教ではないとしていたためです。神社は宗教法人化することで存続する道を選びました。

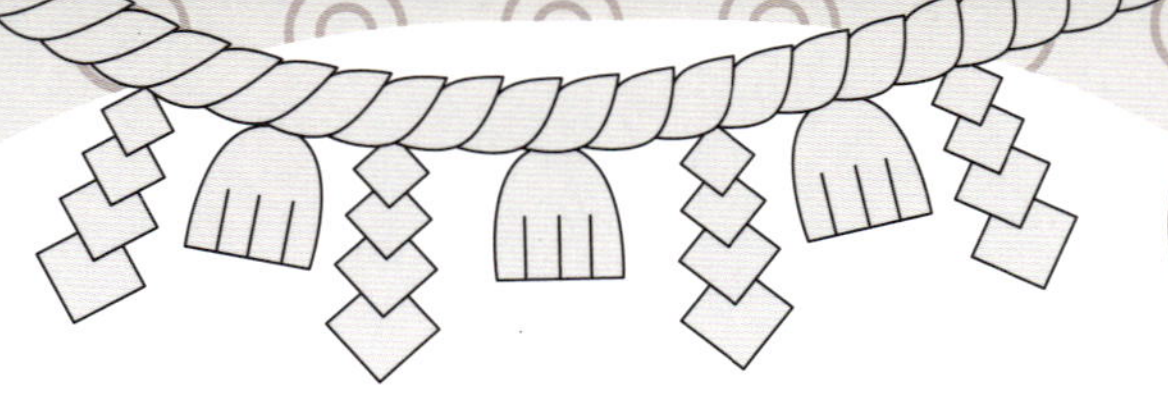

お守りColumn神社

これさえおさえれば初心者でも安心

初めてでもツウになれる参拝Tips

神社の始まりから、マナーやNGなこと、神職についてまで、参拝に行ってお守りをゲットする前に知っておくと安心な基本から、ちょっとディープな知識をレクチャー。これを頭に入れておけばツウになれますよ。

Tips 1 そもそも神社ってどんなところ?

水脈が地表に出てきて水が湧いている所は、大木が成長しやすい土地であり、生きていくのに欠かせない水源地でした。そのようなところに村を守る神様を祀る祠を建て、村のコミュニティが成り立っていました。そのため神社は今でも緑豊かで気のよい場所なのです。また、稲作などの農業、漁業が盛んになり、人々は自然からの恵みも災害も神様の力と思い、自然のなかに神を見いだす信仰も生まれました。

Tips 2 参拝のマナー

マナーや作法は、自分が神様とどう向き合うか、神様への心構えの表れであるということが基本。参道を歩くとき、神様の通り道である真ん中は避け端を歩くのも、手水舎で必ず手と口を清めるのも、神様を敬う気持ちからです。身なり、身のこなしは自分がどんな人間であるのかを自ら神様に示しているのです。また、洗練された作法や形式から、心が入り調和が生まれるという日本の古くからの精神でもあります。

Tips 3 神社でこれだけはNG

家族、親族が亡くなり忌中の時は基本的に神社に行くのを控えます。忌中は両親・配偶者なら50日、祖父母なら30日、兄弟姉妹・子どもなら20日、親族は1日〜3日程度。これは死を穢れとしているからで、神社にお願いし喪祓いをしてもらえれば神社に行くことができます。また神域(神社の境内)の中のものは小石や木の実なども持って帰らない、ペットを境内に入れないということも覚えておきましょう。

Tips 4 御祭神、御神体とは?

御祭神は、神社で祀られている神様です。古代、御祭神は日枝神社であれば日枝大神のように呼ばれていました。平安時代中期になると神話に出てくる神様と考えられます。御神体は、祀られている神様が宿っている物体で、山や石などの自然物や鏡などの神器や神像など。御神体は、見てはいけないものであり、原則としてお社の扉は開かれることはありません。

Tips 5 神職とは?

神職とは、神社で奉仕する人のうち、神職資格を所有している人のことを指します。企業の社長にあたる神社の代表者が宮司、そして宮司を補佐するのが禰宜(ねぎ)。仮という意味の「権」がついた権禰宜という職階があります。神職の見習いである出仕という職階もありますが、神職の資格をもって奉仕していることもあります。巫女は神職ではありません。

Tips 6 神宮・大社

神社本庁下の神社では、神宮という社号は、皇室と深い関わりのある神様が祀られた神社のみ名乗ることができ、特別な由緒を必要とします。なお単に「神宮」といえば三重県の伊勢神宮の正式名称のことです。大社は官幣大社や国幣大社という社格をもっていた大きな信仰形態の総本社の社号に使われています。単に「大社(おおやしろ)」というと島根県の出雲大社を示します。

Tips 7 なんで同じ名称の神社があるの?

例えば東京や埼玉には、氷川神社という神社が多くありますが、大宮の氷川神社より御祭神を分霊された神社であることが多いのです。このように同じ名前の神社は同じ御祭神を祀っている場合が多いのです。例えば神明宮なら天照大神、八幡宮なら八幡神、天満宮なら菅原道真公というように。代表的な神社の系統を紹介します。

諏訪信仰
御柱祭で有名な諏訪大社が総本社。縄文時代の信仰や天竜川の水源・諏訪湖の龍神信仰が元。山から流れ出る養分は川を流れ、海へ注ぎ、豊かな漁場を育てます。森を守ることが漁場を守るということで、漁業の神としても崇敬されています。

祇園信仰
古くは牛頭天王(ごずてんのう)、神仏分離後はスサノオノミコトを御祭神とする疫病除けの信仰。祇園祭・天王祭は疫神や怨霊を鎮め、無病息災を願うお祭りです。京都の八坂神社が総本社の全国の八坂神社や播磨の広峯神社の系統、愛知の津島神社の系統などがあります。

日吉(日枝)信仰
もとは山王信仰と呼ばれ、全国の日吉、日枝、山王神社の総本社が滋賀県の日吉大社です。明治以前は「ひえ」と呼ばれていた日吉大社は比叡山の鎮守として天台宗と深い関係にありました。神という字は、干支の「申」に「示す」となりますが、こちらの神使は猿です。

稲荷信仰
一般に「お稲荷様」と呼ばれています。神社での御祭神はウカノミタマノカミやトヨウケビメや保食神などです。もともとは稲の成長を見守る穀物・農業の神様です。今では商売繁昌や出世運の御利益で信仰されています。京都の伏見稲荷大社が総本宮。

白山信仰
石川県、福井県、岐阜県にまたがる霊山、白山を御神体とします。修験道の聖地として隆盛しました。石川県白山市の白山比咩神社が総本宮ですが、福井の平泉寺白山神社と岐阜の長滝白山神社も中心的神社です。縁結び、和合の御利益で知られます。

熊野信仰
熊野神社は和歌山県にある熊野三山を総本社とし、全国に分社されています。日本古来の自然崇拝や祖霊信仰、また仏教の観音信仰や浄土信仰などが一体化した信仰で、熊野三山は修験道の修行の最終地です。修行により過去世、現世、来世の救済を求めました。

八幡信仰
応神天皇と比売神や神功皇后などを主祭神とし、武家の守護神として全国に祀られました。特に源氏が篤い信仰を寄せ、源義家が信仰した石清水八幡宮や頼朝が信仰した鶴岡八幡宮が有名。代表的な御利益は成功・武運です。

伊勢信仰
伊勢神宮の祭神・アマテラスオオミカミを祀り、神明神社、神明宮などという社号で呼ばれます。伊勢神宮は日本の神社のなかで別格な存在で、江戸時代に伊勢神宮への信仰が庶民にも拡大し、多くの人が参拝しました。

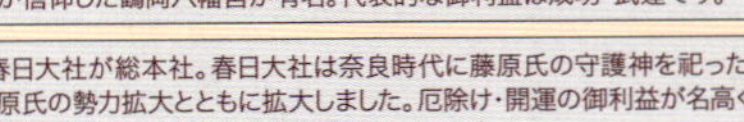

春日信仰
奈良・春日大社が総本社。春日大社は奈良時代に藤原氏の守護神を祀った神社で藤原氏の勢力拡大とともに拡大しました。厄除け・開運の御利益が名高く、特に「藤」が名字につく人から大変崇敬されています。

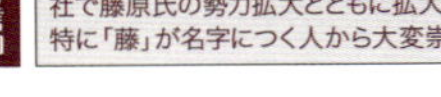

天神信仰
菅原道真公をお祀りします。道真公は平安時代の秀才。そこで学問の神様として信仰を集めています。太宰府天満宮、北野天満宮、湯島天神などが有名で学業成就、入試や資格試験の合格祈願に参拝する人でにぎわいます。

第三章

「御利益別！」

開運神社の すごいお守り

～総合運～

この章では、日本全国から御利益のある神社を厳選し、
「これだけは頂いておきたい！」というお守りを運気別に掲載します。
まずはあらゆる運気を上げる、総合運アップの神社のお守りを紹介します！

東京に住んでいる人は必訪のパワースポット！
専門分野をもつ神様たちが開運をバックアップ

埼玉

武蔵一宮 氷川神社

【むさしいちのみや ひかわじんじゃ】

主祭神

須佐之男命（スサノオノミコト）
稲田姫命（イナダヒメノミコト） 大己貴命（オオナムチノミコト）

初詣客は210万人を数え、全国の社寺でもトップ10に入る武蔵一宮 氷川神社は、荒川流域にある約200の氷川神社の総本社。「一宮」とは、地域で最も格が高いと信仰されていた神社のことです。御祭神は須佐之男命と稲田姫命の夫婦神、そして縁結びで知られる出雲大社の御祭神の大己貴命。そのため氷川神社は、縁結びにたいへん御利益があるとされています。また男女の仲だけでなく、お客様との縁を求める商売人も、繁昌を願って訪れます。明治天皇が使者を遣わせていた歴史があり、毎年元日に行われる四方拝（しほうはい）（天皇陛下による重要な祭祀）で拝される神社のひとつであるため、東京（旧武蔵国）に住んでいる人は特に参拝していただきたい神社です。

日本最大級の鳥居

木造の鳥居では日本最大級の大きさを誇る鳥居。日本一長いといわれる約2kmの参道のなかほどにあり、お宮が近いことを知らせてくれます。新幹線が走る大宮駅が近いということを忘れてしまう静かな環境です

専門分野が異なる神様

境内には本殿とは別に、御祭神と縁が深い神様を祀った13の神社があります。医学の神の天津神社、航海の神の住吉神社、火を司る愛宕神社、農林業の神の雷神社、学問の神の天満神社など、御利益が異なります

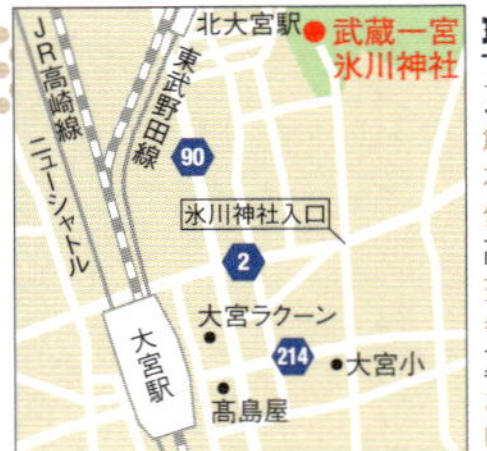

DATA

武蔵一宮 氷川神社
創建／第五代孝昭天皇の御代3年4月未の日
本殿様式／流造
住所／埼玉県さいたま市大宮区高鼻町1-407
交通／JR「大宮駅」から徒歩約15分
参拝時間／冬 6:00～17:00、夏 5:00～18:00、春秋 5:30～17:30
お守り授与時間／8:30～16:30（正月除く）
URL／musashiichinomiya-hikawa.or.jp

このお守りがすごい！

氷川神社

部屋に掛ける大きな掛け軸

身守

神号神軸

**神様のお姿を家にお飾りし
身守は常に身に付けて！**

身守はその名のとおり、身を守るお守り。お財布やポーチなどに入れられるサイズなので常に身に付けて（小・500円）。神軸は、本来はお祭りのときにお旅所という神様の休憩所に飾る大切なものですが、家にも飾ることができます（1万5000円）

横浜港のシンボルとして山下公園に係留されている「氷川丸」は、武蔵一宮 氷川神社から名付けられたということを、知っていましたか？戦時中、沈没を免れ、大変に強運だった氷川丸の神棚には、氷川神社の御祭神が今も祀られています

東京

大國魂神社
【おおくにたまじんじゃ】

生きるうえで必要な運をすべて授けてくれる神社 からすの扇であおいで、厄を祓って、福を招く

主祭神
オオクニタマノオオカミ
大國魂大神

大國魂神社は、武蔵国（東京、埼玉と神奈川の一部）の「総社」。総社というのは、旧国の国府（今でいう県庁所在地）に、その国の有力な神社を集めて参拝できるようにした神社です。主祭神は大國魂大神。出雲大社の神様・オオクニヌシの別名です。大國魂大神の御利益はオールマイティ。武蔵国を開拓しただけでなく、人々に衣食住の道を教え、医療やまじないの術も授けた神様で、福の神として、また、縁結び、厄抜いの神として著名です。本殿に向かって左側にはお水が頂ける水神社が、右奥には樹齢1000年ともいわれる御神木があり、こちらはパワースポットとして有名なのでぜひ立ち寄ってみてください。本殿の周りにある境内社もぜひ参拝を。

天然記念物のケヤキ並木

平安後期に起源をもつ長い参道。ケヤキ並木として唯一、国から天然記念物に指定されています。特に大鳥居の手前にあるケヤキは御神木で、樹齢は500年といわれています

祭りの興奮がよみがえる！

大國魂神社には大きなお祭りがいくつかあります。7日間続く「くらやみ祭」のクライマックスに登場する御神輿は宝物殿に展示されています（土・日曜・祝日 10:00～16:00開館、拝観料 大人200円、学生100円）

DATA

大國魂神社
創建／景行天皇41年（西暦111年）
本殿様式／九間社流造
住所／東京都府中市宮町3-1
交通／京王線「府中駅」、JR「府中本町駅」から徒歩約5分
参拝時間／4月1日～9月14日 6:00～18:00、9月15日～3月31日 6:30～17:00
お守り授与時間／9:00～17:00
URL／ookunitamajinja.or.jp

このお守りがすごい！

からす団扇　からす扇子

珍しいからすの扇であおぎ
厄を祓って、元気に、幸せに！

7月20日に行われる「すもも祭」で頂けるからす団扇（500円）・扇子（大2000円/小1500円）。この扇であおぐと、農作物の害虫が駆除され、病気がすぐに平癒し、玄関先に飾ると魔を祓い、その家に幸福が訪れるといわれています

大國魂神社が鎮座する府中は、奈良・平安時代に、武蔵国を管理する地方長官が住んでいた所。新任長官は、任地の主要な神社を巡拝するのが決まりでした。その負担を減らそうと主要神社を1ヵ所に集めたのが、大國魂神社のような総社なのです

都心のオアシスで神聖なエネルギーをチャージ

東京

東京随一の神社で心身ともにリフレッシュ
広大な敷地の豊かな自然を感じる授与品を

明治神宮【めいじじんぐう】

明治神宮は明治天皇と皇后の昭憲皇太后をお祀りする神社です。2020年に鎮座100年を迎える新しい神社ですが、全国から献木された10万本もの植栽によって現在ではとても豊かな森にたたずんでいます。新しい時代を切り開いた明治のパワーが、変化の激しい現代に生きる、私たちに恵みを与えてくれる力強い神社です。「開運木鈴こだま」は、境内の木々のなかで、長い年月を経て雨風や寿命で地に伏した御神木から作られています。厳密にはお守りではないですが、ころんとした形がとてもかわいく、明治神宮のエネルギーを持ち帰れるおすすめの授与品です。こちらは結婚式を挙げるカップルも多い幸せスポット。休日には結婚式の参進行列が見られるかもしれません。

主祭神
明治天皇（メイジテンノウ）
昭憲皇太后（ショウケンコウタイゴウ）

清正井と花菖蒲園は必訪

有料エリアですが御苑はぜひ訪れましょう。敷地内の花菖蒲園は、有名パワースポット「清正井」を水源とした、「すべてが花開く」縁起のよいスポット！　見頃は6月上旬です

表参道からの参拝がおすすめ

明治神宮の荘厳さを感じられる長い玉砂利道の表参道からの参拝がおすすめ。鳥居は素木を使用した「明神鳥居」。質素倹約を表すものであり、御祭神の御心を表しています

明治神宮
東京メトロ副都心線
JR山手線
明治神宮御苑
原宿外苑中
原宿駅
東京メトロ千代田線
明治神宮前駅

DATA

明治神宮
創建／西暦1920年
本殿様式／流造（ながれづくり）
住所／東京都渋谷区代々木神園町1-1
交通／JR山手線、都営大江戸線「代々木駅」から徒歩約5分、JR山手線「原宿駅」から徒歩約1分、東京メトロ「北参道駅」から徒歩約5分、東京メトロ「明治神宮前〈原宿〉駅」から徒歩約1分、小田急線「参宮橋駅」から徒歩約5分
参拝時間／毎月変更あり。公式ウェブサイト参照のこと
お守り授与時間／9:00～17:00頃　URL／www.meijijingu.or.jp

この授与品がすごい！

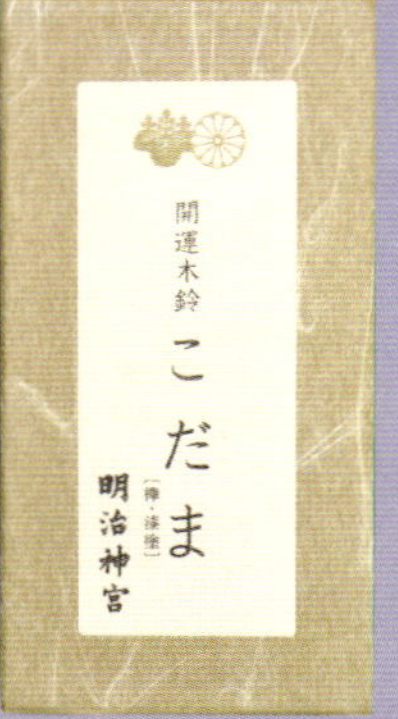

開運木鈴こだま

日々進化を続ける大都会・東京を見守ってきた神社の広大な自然のパワーを手に

明治神宮の枯損木から作られた参拝記念の授与品。長い年月を神聖な森の中で生き延びた御神木から、都会の森の響きを感じます。初穂料は白木1000円、写真の漆2000円

参拝後にぜひ引いてみたいのが、「大御心（おおみこころ）」という明治神宮独自のおみくじ。吉凶を占うおみくじではなく、明治天皇と皇后の昭憲皇太后が詠まれた和歌とその解説になっています。書かれている言葉がそのときの自分の心に響くと評判です

幸運の芽がどんどん伸びていく！

人生をどのような方向へ進めていけばよいか
思い悩んでいる人にぴったりのお守り

東京

元神明宮
【もとしんめいぐう】

東京・三田、かつての武家屋敷町の一角にある御鎮座1000年を超える歴史ある神社。地元の人々に愛され、徳川家が移転を迫ったときに氏子が全力で御神体を警護して守ったほど。そのためか、この神社の氏子地域は、関東大震災や東京大空襲の戦火を逃れたという強運な厄除け神社でもあります。この神社でおすすめなのは、元旦から節分の間だけ頒布される、伝統的な「新芽開眼守護符」。社名の「神明」が「新芽良い」につながることから、独特の方法で夢の芽を育てるようにしながら自宅で毎日お祈りし、立春の日から身に付けるという特別な授与品です。今後の人生をどうするか悩んでいる人やこれから新しいことを始める人の夢がかなうといわれるお守りです。

主祭神
天照皇大御神（アマテラスオオミカミ）

伝統的かつモダンな社殿

平成6年に造営された社殿の外観は近代的。宮大工の匠の技を生かした伝統的な木造建築と見事に融合しています。江戸時代に造営された向拝殿の彫刻も見ることができます

境内を回ってみて

社殿側面の回廊からは、東京タワーが望めます。境内には穀物の神である宇迦之御魂神が稲荷神社に祀られています。また本殿に相殿として、水天宮がお祀りされています

DATA

元神明宮
創建／西暦1005年
本殿様式／神明造
住所／東京都港区三田1-4-74
交通／東京メトロ南北線・都営大江戸線「麻布十番駅」から徒歩約5分
参拝時間／6:00〜17:00
お守り授与時間／9:00〜17:00
URL／motoshinmei.or.jp

このお守りがすごい！

新芽開眼守護符

使用方法がおもしろい！
夢を大切に育てるお守り

お守りを付属の砂に埋め、植物の種のようにお水をあげて、神棚や目線より高い所に置き、授与された日から節分の日まで毎日お祈りします。その後、立春の日からお守りを取り出し、身に付けるという特別な授与品（1000円）です

参拝後に訪れたいのが神社の近くにある麻布十番の宿泊施設・東京さぬき倶楽部。本格的な香川県の讃岐うどんが食べられるレストランがあり、うどん好きの間で有名な場所です

長野

戸隠神社

【とがくしじんじゃ】

天の岩戸伝説がある霊験あらたかな地に鎮座
天井絵の龍から神聖な気が降り注ぐ神社

深淵な空気に吸い込まれてしまいそうな戸隠山。神話「天の岩戸伝説」で、天照大御神が隠れた岩戸が飛来した地という伝説があります。高野山・比叡山と並び称される修験道の霊場として栄え、太古の昔から変わらない神様が祀られており、特に奥社の参道に足を踏み入れると、人をひとつ上のステージに上げてくれそうな強いエネルギーに包まれています。こちらでは、宝光社(ほうこう)、火之御子社(ひのみこ)、中社(ちゅう)、九頭龍社(くずりゅう)、奥社をすべて巡る「戸隠五社」参拝を。五社のなかで最大級の神社が中社で、注目は社殿の天井絵。眺めているだけで神聖な気が降り注ぐような気がします。この天井絵の龍をあしらったお守りは、この神社の強力な御利益を象徴するかのような存在感があります。

主祭神

天手力雄命(アメノタヂカラオノミコト)
天八意思兼命(アメノヤゴコロオモイノカネノミコト)
九頭龍大神(クズリュウノオオカミ)
天鈿女命(アメノウズメノミコト)

奥社へ向かう参道

樹齢400年を超える奥社の杉並木は県の天然記念物。約2kmの参道を通っただけで生まれ変わった気がするといわれるほどパワーがあふれています。舗装されていないので、歩きやすい靴で行くのがおすすめです

独特のおみくじ

おみくじは戸隠神社独特で、神職の方が祝詞を唱えてから引いてくださいます。おみくじは神意を聞くもの。神様にお尋ねしたいことを心のなかで願い、おみくじを読みましょう

DATA

戸隠神社
創建／西暦210年
本殿様式／不明
住所／長野県長野市戸隠3506
交通／JR「長野駅」からバス約1時間
参拝時間／自由
お守り授与時間／9:00～17:00
URL／togakushi-jinja.jp

このお守りがすごい！

運気向上・金運招福守

人生のステージと運を
一気に上げる龍パワー

中社の社殿に描かれた狩野派の天才絵師、河鍋暁斎(かわなべきょうさい)の「龍の天井絵」の模様が入ったお守り(1000円)。龍が天に昇るごとく、運をつかんで一気に運気上昇を狙いたい！　黄色と黒色の2種があります

⛩ 戸隠に来たらぜひ味わいたいのが戸隠そば。修験者の携帯食や神事の締めの料理として、この地に広まったそう。奥社までの道にいくつか店があり、味わいはさまざま。そばの盛り方を5つに分けて提供する店があり、戸隠五社になぞらえているという説も

静岡

厄を祓う火防の神を祀る神社は秋葉神社の総本宮
絶景を楽しみながら御利益を頂きましょう

秋葉山本宮秋葉神社

【あきはさんほんぐうあきはじんじゃ】

主祭神
火之迦具土大神（ヒノカグツチノオオカミ）

秋葉山本宮秋葉神社は全国に800社以上ある秋葉神社の総本宮です。創建は1300年前と歴史があり、『古事記』に出てくる火の神様をお祀りしています。建物が木造の日本では火事は最大の敵のひとつだったので、防火の神様は人々にとってありがたい存在でした。現在も全国から消防士や火力発電所関係者、火を扱う料理人たちが、参拝に訪れますが、火は厄を祓うともいわれ、厄除けの御利益でも一般の人に有名です。本殿がある上社が位置するのは赤石山脈南端、標高866メートルの秋葉山山頂付近。かつては山伏の修行場だった場所で、片道1時間30分の登りはややきついですが、ハイキングコースとして人気があります。「幸福の鳥居」越しに望む遠州灘は絶景です。

金の鳥居で幸せに

黄金の「幸福の鳥居」越しに浜松市街と遠州灘を一望できます。この鳥居をくぐると、幸福になれるとか。境内には火打ち石「神恵岩」があり、厄を祓う岩なのでこちらも忘れずに参拝しましょう

願いを書いて皿投げを

素焼きのお皿に願いを書き、崖下の白い的に目がけて投げます。的に入れるのはけっこう難しいですが、お皿は土に返るのでご安心を（お皿3枚、おみくじ、お守りで500円）

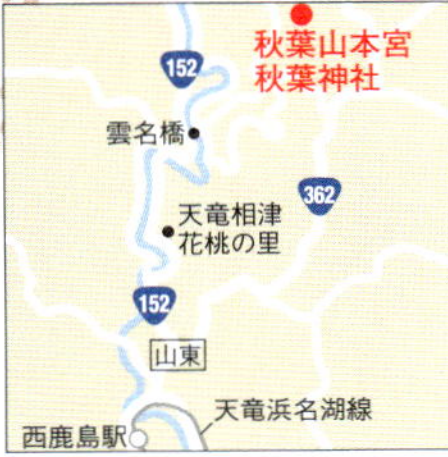

DATA

秋葉山本宮秋葉神社
創建／和銅2年（西暦709年）
本殿様式／入母屋流造（権現造）
住所／静岡県浜松市天竜区春野町領家841
交通／遠州鉄道「西鹿島駅」下車、遠鉄バス秋葉線45分「秋葉神社」下車徒歩約3分、新東名「浜松浜北IC」から車で約40分
参拝時間／8:00～17:00
お守り授与時間／8:00～16:00
URL／akihasanhongu.jp

このお守りがすごい！

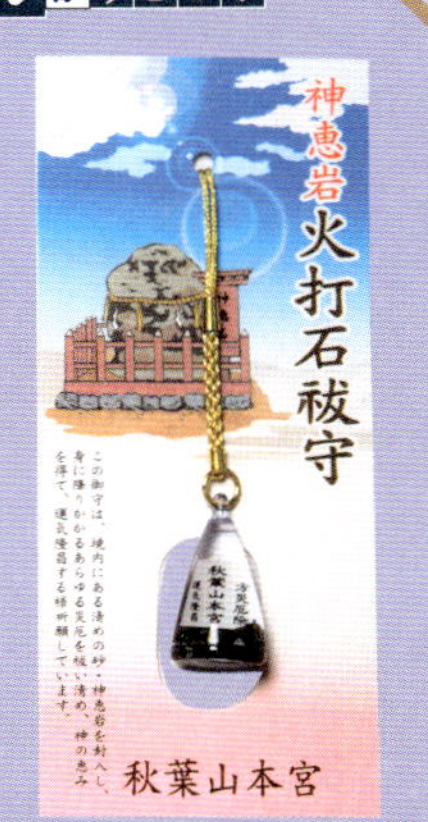

天狗さま守　火打石祓守

強い厄除け効果が期待できる
天狗のお守りと石と砂のお守り

「天狗さま守」（500円）はストラップ付き。お財布やかばんに付けて魔を除け、福を招きましょう。「火打石祓守」（800円）は、お清めをした砂と神恵岩（火打ち石の原石）が入った珍しいお守り。砂と石があらゆる厄を祓ってくれます

山頂に食堂があります。「秋葉茶屋」は、オーソドックスなメニューに加え、みそ田楽など地元名産品も味わえます。浜松限定ラスク「黄金らすく」も販売中。茶屋は不定休なので確認を

静岡

一度は挑戦したい！　富士山の山頂にある奥宮で開山時期だけ頒布している貴重な「日本一」の授与品

富士山頂上浅間大社奥宮

【ふじさんちょうじょうせんげんたいしゃおくみや】

全国に約1300社あるといわれる浅間神社の総本社として信仰されてきた富士山本宮浅間大社の奥宮は富士山頂にあります。富士山8合目以上はこの奥宮境内地と、富士山のパワーあふれる神社です。富士山の神様のご加護を祈って登山することを登拝といいます。登拝は、金剛杖をつき「六根清浄（ろっこんしょうじょう）」と唱えて登ります。頂上には奥宮のほか久須志神社がありますので、こちらもぜひお参りしましょう。

奥宮で頒布しているお守りは、開山時期にしか頂けないので、日本最高峰のお守りといえるでしょう。体力のある方はぜひチャレンジを。麓の富士山本宮浅間大社のお守り「大開運日守」も、富士山の御来光が描かれており、富士山頂のパワーを十分に感じられます。

主祭神

木花之佐久夜毘賣命（コノハナノサクヤヒメノミコト）

富士山信仰の中心地

麓にある本宮。徳川家康造営の檜皮葺の本殿は神社建築としてはとてもめずらしい2階建てで、「浅間造」といわれます。緑いっぱいの境内はぜひ散策を

湧き水は持ち帰り可能

本宮で、本殿の参拝が終わったら、富士山の伏流水が湧く「湧玉池」へ。古くは禊の場とされていました。お水取りも可。奥宮は、北東側に金明水と呼ばれる湧き水があります

「大開運日守」（1000円）は本宮で通年頒布

富士山袋守

「富士頂上」の文字が金色に光るお守りで、運気上昇！

7〜9月の開山期にのみ頒布しており、山頂にある奥宮を訪れた人だけが手に入れられる富士山袋守（1000円）は赤と青の2種類。表には、美しい富士山の刺繍と「富士頂上」の堂々とした文字が。持っているだけで運気上昇しそう

DATA

富士山頂上浅間大社奥宮
（7月10日〜9月10日のみ）
参拝時間／日の出〜日没

富士山本宮浅間大社
創建／紀元前27年
本殿様式／浅間造
住所／静岡県富士宮市宮町1-1
交通／JR身延線「富士宮駅」から徒歩約10分
参拝時間／4〜9月 5:00〜20:00、11〜2月 6:00〜19:00、3月・10月 5:30〜19:30
お守り授与時間／8:00〜16:30　URL／fuji-hongu.or.jp/sengen/

富士山の噴火を鎮めるために祀られたとされる浅間大社の主祭神・木花之佐久夜毘賣命（コノハナノサクヤヒメノミコト）は美しい女神。お参りすると恋愛運アップや安産などの御利益が期待できます

全国の神様を祀る、厄除詣発祥の神社

さまざまな災いから京を守る守護神として祀られ
節分には限定でくちなし色のお札が頂けます

京都

吉田神社【よしだじんじゃ】

災難を除き、幸福を勝ち取る厄除け・開運の神様として信仰されてきました。境内で最大のパワースポットは大元宮です。ここには宇宙の始まりの神様を中心に八百万の神様が祀られています。さらに周囲には、全国の神社が祀られています。それだけに御利益も絶大。開運・厄除け・縁結びとあらゆる御利益が得られます。境内が参拝客で最もにぎわうのは節分です。節分を中心に前後3日間にわたり鬼やらい神事や祭りをはじめ、数々の神事が行われます。節分限定で授与されるのが、くちなし色（オレンジ色）のお札です。通常は白いお札が、魔除けの力があるといわれるくちなし色に変わり特別に授与されます。また、特別な厄除守・開運守・節分神矢も頒布されます。

主祭神

建御賀豆知命（タケミカヅチノミコト）
伊波比主命（イハイヌシノミコト）
天之子八根命（アメノコヤネノミコト）
比売神（ヒメガミ）

重要文化財の大元宮

節分3日間は大元宮の内院を特別に参拝できます。2月3日の23:00からは本社三ノ鳥居前で古札のお焚き上げの行事「火炉祭」が行われます。各種賞品が当たる「抽選券付き厄除福豆」は、毎年50万人にものぼる参拝者の楽しみになっています

料理やお菓子の神様まで！

境内には料理の神様を祀る山蔭神社など、さまざまな摂末社があります。菓祖神社は、果物の祖といわれる橘を日本に持ち帰ったとされる田道間守命と、日本で初めて饅頭を作ったとされる林浄因命の二神のお菓子の神様を祀ります

このお守りがすごい！

節分神符一組と大元宮神札

八百万の神様……つまりすべての神様のお札で総合的に運気アップ

節分には大元宮の「八百萬のお札」がくちなし色に染められます。この色は古くから魔除けの力があるといわれています。天の神・地の神、すべての神が祀られた八百万のお札は厄除けと総合的な運気アップの力を授けてくれます。初穂料は、大元宮神札1000円、節分神符一組2000円

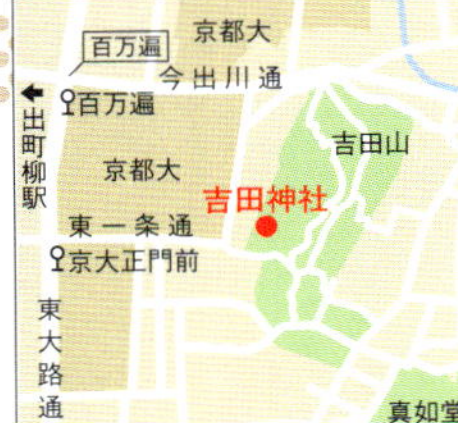

DATA

吉田神社
創建／西暦859年
本殿様式／春日造
住所／京都府京都市左京区吉田神楽岡町30
交通／京阪「出町柳駅」から徒歩約20分
参拝時間／9:00～17:00
お守り授与時間／9:00～17:00
URL／yoshidajinja.com

吉田山山頂休憩広場の近くに位置するカフェ「茂庵」は、大正時代に建てられた茶室等を利用したカフェと茶室です。緑に囲まれたカフェは時間がゆったりと流れているよう。茶室では月に一度、体験茶会を開いています

「いくたまさん」と親しまれる大阪の古社

大阪

主祭神は国土や大地を守護する力強い神々
水晶パワーで心願成就を願うお守りを授与

生國魂神社
【いくくにたまじんじゃ】

難波大社とも呼ばれ、大阪の総鎮守ともいえる神社です。かつては現在の大阪城を含む一帯に鎮座していましたが、豊臣秀吉が大坂城築城の際、現在地に遷座しました。府内最大規模の社殿は昭和31（1956）年の再建ですが、桃山時代の様式を受け継いだ生國魂造と呼ばれる独特の建築様式が用いられています。境内にある鴫野(しぎの)神社は秀吉の側室淀姫が崇拝した神社で、女性を守護し、縁結び・縁切りの御利益があると女性の信仰を集めています。「いくたま守」は水晶に諸願成就を願うお守りで御利益が絶大とのクチコミが寄せられています。ほかにも小さな鈴が付いた縁結びのお守りや開運招福の縁起物など、さまざまなお守りがあります。

主祭神

生島大神（イクシマノオオカミ）
足島大神（タルシマノオオカミ）

境内を歩いて御利益を頂こう

本殿は生國魂造という日本唯一の建築様式。本殿と幣殿をひとつの大屋根で葺きおろし、破風（屋根の三角形の部分）を3つ組み合わせた桃山時代の遺構を現代に伝えます。そのほか、境内には縁結びや芸能上達、土木建築などさまざまな御利益のある境内社が鎮座します

大阪に夏を告げる生國魂祭

生國魂祭が有名です。豊臣期の大坂城（大阪城）築城に際し、現在地に遷座した故事にちなんだ生國魂祭では、500名を超える行列が本来の鎮座地の大阪城へ巡幸する「大阪三大夏祭りの先駆け」といわれる祭事です

谷町九丁目駅
下寺町
千日前通
地下鉄千日前線
真言坂
高津小
松屋町筋
生國魂神社
生玉公園
谷町筋
地下鉄谷町線

DATA

生國魂神社
創建／紀元前663年
本殿様式／生國魂造
住所／大阪府大阪市天王寺区生玉町13-9
交通／大阪市営地下鉄谷町線・千日前線「谷町九丁目駅」から徒歩約4分
参拝時間／日の出～日没
お守り授与時間／9:00～17:00
URL／https://ikutamajinja.jp

このお守りがすごい！

いくたま守

水晶に祈願をして持ち歩く！御利益が絶大とのクチコミでも知られるお守り

付属の水晶に自分の願いを込め、お守り袋に入れて身に付けるという独特のスタイルの「いくたま守」（1500円）。水晶のような丸い玉は念や願いがこもりやすいといわれています。開運、良縁、厄除けなど祈願の成就にパワーが頂けます

⛩ 生國魂神社は大阪の守護神というだけでなく、日本の国土そのものの神のような存在です。ですから日本全体が発展して、自分も開運するようなイメージで、広い視野でのお願いごとをしましょう

鬼を退治した勇猛な神様をお祀り

岡山

吉備津神社

【きびつじんじゃ】

桃太郎ゆかりの岡山市に鎮座する古社
鬼の力で厄を除けるお守りが、福を招いてくれます

オオキビツヒコノミコト
大吉備津彦命

主祭神は桃太郎のモデルとされる勇猛な神様とその一族。凶悪な温羅(うら)を退治し、吉備国（岡山県）に平和を築いた神様たちです。温羅は海の向こうから来たとされる鬼のことです。出雲大社の2倍以上という規模の本殿は応永32（1425）年の再建、国宝に指定されています。神事のひとつ「鳴釜神事」は、湯を沸かした釜の中に玄米を振り、釜が鳴る音で祈願がかなうかを占う神事です。誰でもお願いすることができる（要初穂料）のでぜひ、体験してみてください。良縁の占いもOK。江戸時代から続く、神秘的な占いです。桃太郎ゆかりのお守りとしては、厄除けの鬼のお守りや桃を模したお守りがあります。

特殊神事の占いを試してみよう

神秘的な鳴釜神事は、国の重要文化財に指定されている御竈殿で行われる神事。釜の下には鬼の首が埋まっているといわれます。音により吉凶を判断しますが、神職から伝えられるのではなく、自分自身の感覚で判断します。金曜日は休み、受付は14：00まで

重要文化財の廻廊は必見

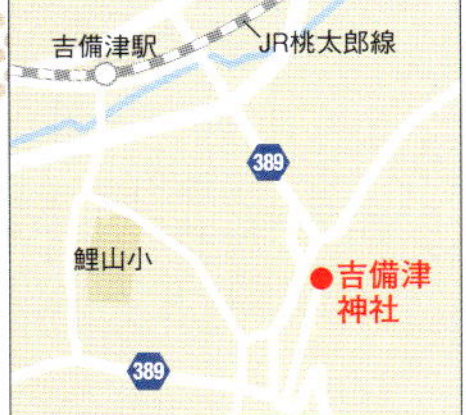

天正7年（1579年）に再建され、全長360mにも及ぶ廻廊は、自然の地形そのままに、一直線に建てられています。こちらは県の重要文化財に指定されています。境内には梅林やあじさい園があり、四季折々の花が参拝者の目を楽しませてくれます

吉備津駅　JR桃太郎線　389　鯉山小　吉備津神社　389

DATA

吉備津神社
創建／仁徳天皇の御代
本殿様式／比翼入母屋造（吉備津造）
住所／岡山県岡山市北区吉備津931
交通／JR吉備線（桃太郎線）「吉備津駅」から徒歩約10分
参拝時間／5：00～18：00
お守り授与時間／8：30～16：30
URL／kibitujinja.com

このお守りがすごい！

魔除けの鬼鈴

さまざまな授与品のなかでも
特におすすめなのがこちら

「魔除けの鬼鈴」（700円）は、本殿の鬼門に祀られる鬼の威力で魔から守ってくれるお守り。お守りは金属製で、鈴の音は厄除けになるとされています。魔や厄が祓われ、開運につながります

総合運

8月に温羅の伝説にちなんだ「うらじゃ」と呼ばれるお祭りがあります。温羅化粧という特殊なメイクをして演舞場で踊ったり、パレードなどを行う、多くの人が訪れるお祭りです

宮崎

高千穂神社

【たかちほじんじゃ】

日本神話の舞台となった聖地で、心身をクリアに
絶対に別れない絆を結び、悩みを吹き飛ばす！

日本神話において、神々が地上界に降り立った「天孫降臨」の地とされる場所のひとつが、この高千穂。高千穂神社は樹齢800年の杉をはじめとした巨木に囲まれ、クリーンな空気に包まれています。境内左手にある「夫婦杉」は、夫婦や家族、友人など、好きな人同士で手をつなぎ、時計回りに3周回ると一生離れないといわれています。また本殿右横にある、祈ると心が鎮まると伝わる「鎮石」にもぜひお参りを。高千穂の20の集落では、毎年11月中旬から2月上旬にかけて33番の神楽を奉納する夜神楽という神事が行われており、国の重要無形民俗文化財に指定されています。高千穂神社でも、日本神話をテーマとした観光客向けの神楽が毎晩見学可能。神話の世界に浸ることができます。

主祭神
高千穂皇神（タカチホスメガミ）
十社大明神（ジュッシャダイミョウジン）

願いがかなう夫婦杉

こちらが夫婦杉。2本の杉が根元でつながっています。境内は、国の重要文化財に指定された社殿を取り囲むように大きな木々が茂り、まるで神話の時代にタイムスリップしたような荘厳な雰囲気です

悩みがなくなる石

本殿右に柵で囲まれて祀られている鎮石は、心を鎮め、悩みがなくなる石といわれています。ここでは逆にお願いごとはしてはならないそうです。鎮石は高千穂神社から茨城の鹿島神宮にも贈られました

DATA

高千穂神社
創建／約1900年前
本殿様式／五間社流造
住所／宮崎県西臼杵郡高千穂町三田井1037
交通／「高千穂バスセンター」下車徒歩約15分
参拝時間／自由
お守り授与時間／7:00～17:00

このお守りがすごい！

夜神楽のお守り 心誓守

日本の神様のパワーを
身に付けられる

高千穂の人々が代々受け継いできた、夜神楽の生きいきとした様子が描かれている珍しいお守り（500円）。絵柄は2種類あります。「身体清浄」の文字が書かれた「心誓守」（800円）を持つと、心が整い強くなるとか

⛩ 高千穂神社が鎮石を贈った鹿島神宮（茨城県）と伊勢神宮（三重県）、これら三社は、太陽が夏至に通る線で結べるそうです。また高千穂神社の夜神楽は、毎晩観光客でにぎわい、立ち見になることも。観覧の際は、時間に余裕をもって行きましょう

霧島神宮

【きりしまじんぐう】

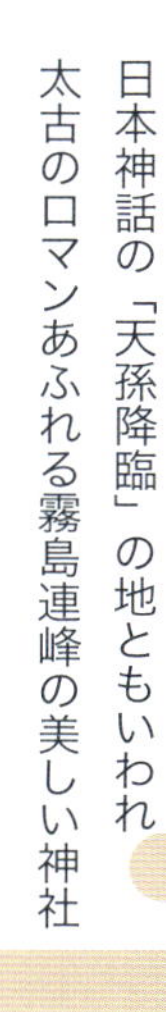

日本神話の「天孫降臨」の地ともいわれ
太古のロマンあふれる霧島連峰の美しい神社

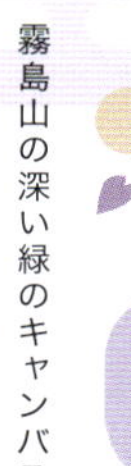

霧島山の深い緑のキャンバスに、西の日光とも呼ばれる華麗な極彩色の社殿が引き立ち、何とも美しい神社です。日本神話の「天孫降臨」の地ともいわれ、神様が天から降り立ったという神聖な場所にあり、人生で一度は訪れたい神社です。太古の時代に霧島神宮が鎮座していたという高千穂河原まで上ると、雄大な自然と古代から伝わる祭祀の面影を感じることができるでしょう。日本最初のハネムーンといわれる坂本龍馬の新婚旅行の地としても知られ、縁結びにもよい神社。神社に伝わる宝物に9つのお面があり、「工面がよい」とされています。こちらで頂きたいのは「九面守」。九面守は9つの御利益が異なるお面のお守りで、すべて揃えると満願成就するといわれています。

主祭神

天饒石国饒石天津日高彦火瓊瓊杵尊（アメニギシクニニギシアマツヒダカヒコホノニニギノミコト）

神聖な高千穂河原へ

950年頃から1234年まで、霧島神宮が鎮座していた聖地。神様が初めて降り立った場所ということから、起業、転職など、何かをスタートするときに御利益があるともいわれています。神社から車で約30分の場所にあります

霧島七不思議

誰が彫ったのかわかっていない謎の梵字がびっしりと刻まれている文字岩や、中にある石の観音様が笑っていたという岩の風穴など、神社には7つの謎があるといわれています。参拝の際は、この霧島七不思議を見つけてみましょう

DATA

霧島神宮
創建／西暦540年
本殿様式／入母屋造
住所／鹿児島県霧島市霧島田口2608-5
交通／JR日豊本線「霧島神宮駅」からバス約13分
参拝時間／自由
お守り授与時間／8：00～17：30
URL／kirishimajingu.or.jp

それぞれに違う御利益があり 9つ揃えて満願成就！

古くから「九面信仰」がある神社ならではのお守り。赤の面は道開き、青の面は学業成就、緑の面は家内安全、白の面は厄除け、阿吽は良縁など、それぞれ御利益が異なります。9つ揃えれば、すべての願いがかなうといわれています（800円）

⛩ 霧島神宮大鳥居前より徒歩約5分の場所にある清流「霧島神水峡」。ここはぜひ訪れて、霧島の雄大な自然を堪能しましょう。散策する際は道が舗装整備されていないので、歩きやすい靴で行きましょう

かわいいお守りが300種以上

西野神社
【にしのじんじゃ】

北海道開拓のため、広島・福井・山口県などから入植した人々によって明治18（1885）年に創建されました。開運招福、勝運など御利益はさまざまですが、札幌では縁結びのパワースポットとしても有名です。お守りはスポーツから安産祈願までなんと300種類以上。キャラクターを配したお守り袋などかわいいデザインが豊富です。

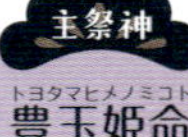

トヨタマヒメノミコト
豊玉姫命

このお守りがすごい！

朔日参り限定勾玉守

数多くあるお守りのなかでも限定授与のこちらがおすすめ

朔日とは月の始め、1日のこと。毎月朔日に限定授与の吉祥来福を祈願するお守りです。勾玉は三種の神器のひとつで、祭祀に使用されたもの。白地に神紋が金糸で刺繍され、身に付ければ福を招いてくれるはず

DATA

西野神社
創建／明治18年　本殿様式／神明造
住所／北海道札幌市西区平和1条3-1　交通／地下鉄東西線「琴似駅」もしくは「発寒南駅」からJR北海道バス「平和1条3丁目」下車徒歩約1分
参拝時間／自由
お守り授与時間／10:00～17:00
(1/1は～21:00、1/2と秋祭り期間中は～20:00、1/3は～19:00)
URL／nishinojinja.or.jp

子宝と安産祈願の犬

平成17（2005）年、創祀120年を記念して建てられた「創祀120周年記念碑」は、御祭神の安産の御利益にちなみ、安産の象徴とされる犬の像を配しています。子宝祈願は中央の親犬を、安産祈願や健康祈願は子犬を、それぞれなでてお願いします

透明に輝く災難除けのお守り

伊佐須美神社
【いさすみじんじゃ】

会津の総鎮守として2000年の歴史を誇る神社です。樹齢1500年ともいわれる御神木の薄墨桜は、枝が古くなると自ら朽ち落ち、萌芽するのを繰り返す生命力の象徴とされます。楼門横に境内入口があります。こちらの神社は、人生で進むべき方向性を示し、災いを転じて福に変えるパワーがあるとか。お守りは独特の作法にて、御神気を込めます。

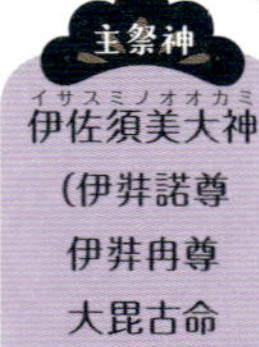

イサスミノオオカミ
伊佐須美大神
（伊弉諾尊
伊弉冉尊
大毘古命
建沼河別命）

このお守りがすごい！

強運御守

一般には授与されなかった特別に祈祷されたお守り

かつては御祈祷を受けた人にしか授与していませんでした。お守りはふたつで一対（2000円）。授与されたら、境内を出るまでは中指にかけて歩き、出てからしまいます。1年目は玄関にお祀り、2年目はバッグなどに付けます

DATA

伊佐須美神社
創祀／第10代崇神天皇10年
本殿様式／現在御仮殿
住所／福島県大沼郡会津美里町宮林甲4377　交通／JR只見線「会津高田駅」から徒歩約21分または「会津若松IC」から約30分　参拝時間／自由
お守り授与時間／8:00～17:00
(10～3月 8:30～16:30)
URL／http://isasumi.or.jp

四季折々の景色が楽しめる

境内東側にある県指定天然記念物「飛竜の藤」の見頃は5月。こちらはパワースポットとしても有名。2本の幹が1本につながった縁結びの紅葉も立ち寄りを。外苑には10万株ものアヤメが咲き誇るアヤメ苑があります

⛩ 西野神社のお守りのモチーフとなっている勾玉。古代から不思議な力が宿るとされ、祭祀のために用いられたといわれています。勾玉は三種の神器のひとつとして現存し、皇居にあるのが八尺瓊勾玉（やさかにのまがたま）。勾玉がいかに特別なものか想像がつくでしょう

あらゆる災難を除いてくれる

寶登山神社【ほどさんじんじゃ】

主祭神
カンヤマトイワレヒコノミコト
神日本磐余彦尊

参拝者は年間100万人以上。真っ白な鳥居が印象的。本殿は極彩色の装飾に飾られ華麗、そのなかにも気品が感じられます。東国平定の途中、この地で山火事に遭ったヤマトタケルノミコトを神犬と呼ばれる山犬たちが助けたという伝承があり、山犬が神様のお使い。火災・盗難除けの神様とされ、招福のお守りを求める人が多いです。

このお守りがすごい！

吉祥寶守

宝が山のようになるよう祈願

お守り袋の裏側には鯉と龍があしらわれています。本殿裏にある彫刻と同じで、これは鯉が大滝を登ると龍に成長するという「登竜門」の故事にならい、宝がいずれ財宝の山になるようにとの祈願が込められています。初穂料1000円

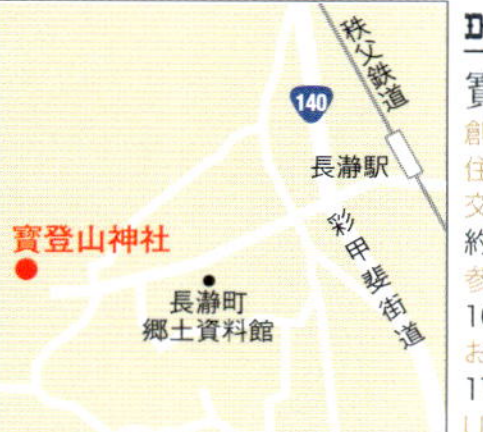

DATA

寶登山神社
創建／110年　本殿様式／権現造
住所／埼玉県秩父郡長瀞町長瀞1828
交通／秩父鉄道「長瀞駅」から徒歩約15分
参拝時間／4～9月 9:00～17:00、10～3月 9:00～16:30
お守り授与時間／4～9月 9:00～17:00、10～3月 9:00～16:30
URL／hodosan-jinja.or.jp

ロープウェイで奥宮へ

標高497mの宝登山山頂には奥宮があります。奥宮は神社創設の聖地。社殿の前に鎮座するのは狼の狛犬です。毎年5月2日には奥宮祭が行われます。奥宮へは境内西側から発着するロープウェイで上ることができます

最後の砦。宮司は国学を研究

若泉稲荷神社【わかいずみいなりじんじゃ】

創建の歴史は治承4（1180）年から始まると伝わります。本庄城主が篤い信仰を寄せました。夢枕に御祭神が出現したとか、祟りがあったなど数々の霊験談が伝わります。現宮司は神道のほか、江戸時代に興った国学にも造詣が深い人。悪霊退散の道切など古式の特殊な祈祷や護符、お札を作っていただけます。

このお守りがすごい！

六三除 憑物道切（桃のお守り） 御朱印

失われつつある古くからのお守り

六三除は、原因不明の病気を独特の方法で祓う祈祷のこと。その際に頂ける護符です。憑物道切は、憑霊されると癖になることを防ぐ悪霊退散のお守りです。手書きの御朱印（1000円）を頂くこともできます

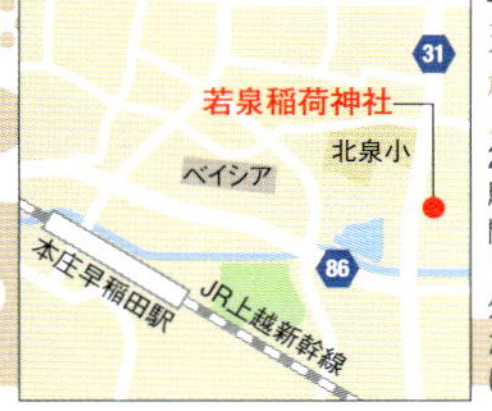

DATA

若泉稲荷神社
創建／1180年（治承4年）　本殿様式／権現造　住所／埼玉県本庄市北堀209　交通／JR高崎線「本庄早稲田駅」から徒歩約20分　参拝時間／閉門なし　お守り授与時間／不定。なお、1日（原則毎月）と15日（7月と12月以外）午前中は奥宮で面談しています。また、問い合わせは原則手紙で。御朱印は、受ける方により違うものになります

頂く人もマナーと覚悟を！

お守りは、古式作法に精通した宮司により、特別な秘儀にて祈願のうえ、作っていただけます。古式作法によってお守りを作るため、お守りを作る日取りが決まっています。事前に問い合わせをしましょう。またお守りを受ける方も覚悟をもち、マナーを守って頂きましょう

寶登山神社の本殿の左奥に、ヤマトタケルノミコトが山頂に登る際に、禊をしたとされる泉があります。また境内にある赤松と黒松（通称「相生の松」）は、大正末年、昭和天皇の御成婚を奉祝し、移植したもの。縁結びの御利益が話題となっています。相生の松のお守り（P.12）もあります

古くから民衆が信仰する山

大山阿夫利神社

【おおやまあふりじんじゃ】

神奈川

山の神、水の神を祀り、古代から雨乞い祈願で知られます。江戸時代には「大山詣」と呼ばれる参拝が盛んに行われ、年間20万人もの人が訪れたと伝わります。ここから、武運を願って木太刀を納める習慣や富士山と両方をお参りする両詣などの文化が生まれました。力強いエネルギーをもつ神様で、除災、開運のパワーを授けてくれます。

主祭神
大山祇大神（オオヤマツミノオオカミ）

このお守りがすごい！

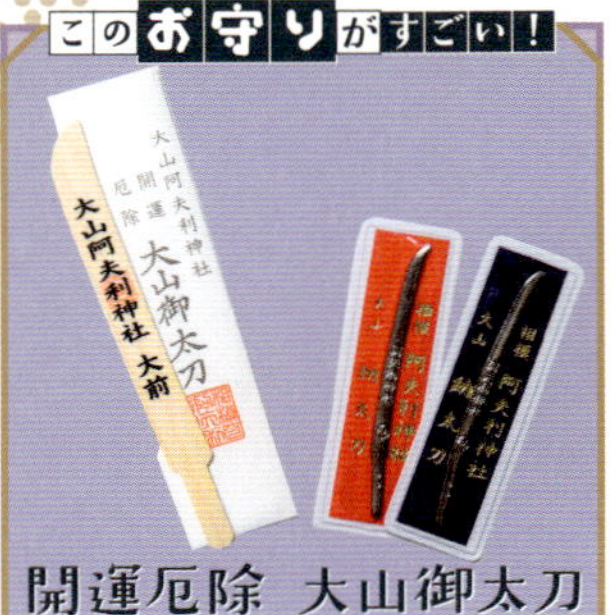

開運厄除 大山御太刀

刀の力で運を切り開く

源頼朝が平家打倒を祈願して納めたのが最初。以来、江戸時代の民衆は本物の太刀ではなく木で作られた大・小さまざまな大きさの意匠を凝らした木太刀などを納め祈願していました。その納太刀（おさめだち）に由来するお守り（600円）です

参拝後にお水取りを

拝殿右脇から地下に下りると神泉があり、きれいな水が湧いています。この水を頂くと延命長寿などの御利益が頂けます。大山は名水の産地でも知られ、湧き水を利用した豆腐作りが盛ん。参道には豆腐料理店が並びます

DATA

大山阿夫利神社
創建／紀元前97年
本殿様式／流権現造
住所／神奈川県伊勢原市大山355
交通／小田急線「伊勢原駅」からバス約25分「大山ケーブル駅」下車、徒歩約15分、大山ケーブルカー「阿夫利神社駅」から徒歩約5分　参拝時間／自由
お守り授与時間／ケーブルカーの運行時間に準ずる
URL／afuri.or.jp

わだかまりや執念をスッキリ。子宝・安産も！

清洲山王宮 日吉神社

【きよすさんのうぐう ひよしじんじゃ】

愛知

毎年11月に行われる「はきだし祭」が有名です。かつて芸能者が旅の途中、神舞を奉納し世俗の怨念や苦しみを除いた故事が由来。通年授与される「はきだし皿」に捨てたい思いを念じて境内の所定の場所で割り、わだかまりや執着を捨て心を癒やします。豊臣秀吉の生母が境内の子産石（こうみいし）に触れたことから、子授け・安産などの御利益でも有名。

主祭神
素盞嗚命（スサノオノミコト）

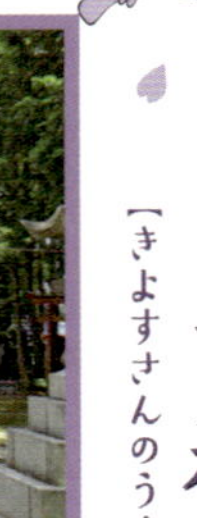

このお守りがすごい！

肌身守

アクティブな三猿が厄祓い

病気や厄災を除く御祭神のお使いが猿。厄を取り「さる」、猿をあしらったお守りを各種授与しています。「肌身守」（800円）は、「厄をさる福を招く猿」を刺繍しています。猿といえば「見ざる聞かざる言わざる」が有名ですが、日吉神社は「積極的に見る聞く言う」の三猿です

境内に猿がいっぱい

境内には24体の猿像があります。拝殿前には神猿像、屋根の上には御幣を持った猿などを配置。拝殿右横には平成16（2004）年、水墨画家・井上北斗氏が奉納した猿の巨大絵馬があります（平成28年に修復・加筆）

DATA

清洲山王宮 日吉神社
創建／771年
本殿様式／尾張造
住所／愛知県清須市清洲2272
交通／名古屋鉄道名古屋本線「新清洲駅」から徒歩約8分
参拝時間／自由
お守り授与時間／9:00～17:00
URL／hiyoshikami.jp

⛩ 大山阿夫利神社は、今でいう「芸能人も訪れる人気のスポット」のような存在だったそうで、浮世絵にも描かれたほど。昔から交通の要所であったことから、信長、秀吉、家康にも関係の深い清洲山王宮 日吉神社。秀吉の幼名は日吉丸といい、日吉神社の神使である猿に似ていたとか

約束をかなえる神社で祈願成就を

車折神社【くるまざきじんじゃ】

主祭神
清原頼業（キヨハラノヨリナリ）

珍しい社名は後嵯峨天皇が嵐山遊行の際、社前で牛車が動かなくなったため、神の怒りを恐れ、「正一位車折大明神」の神号を贈ったことに由来します。悪霊を落としてくれる御利益のほか、結婚の約束、友達との約束、商売の約束など、約束が守られるようになる御利益があります。祈念神石は御祭神に願いを届け、かなえてくれるお守りです。

このお守りがすごい！

祈念神石

神の力宿る石が願いをかなえる。お礼参りも必ず！

神職がお祓いした小石の入ったお守り。本殿の前でお守りを手に持ち、心の中で願いごとを念じます。お守りは、バッグなどに入れて常に携帯します。願いがかなったら、小石をひろい、お礼の言葉をその石に書いて、本殿前に納めます。初穂料700円

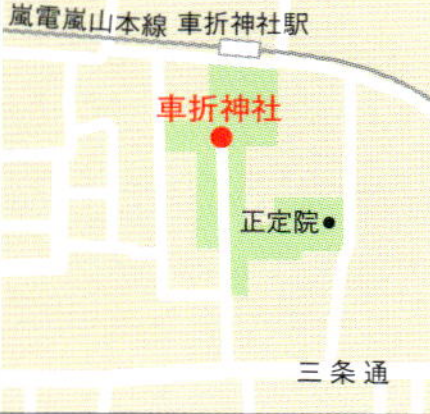

DATA

車折神社
創建／1189年
本殿様式／入母屋造、銅板葺総檜造
住所／京都府京都市右京区嵯峨朝日町23
交通／嵐電嵐山本線「車折神社駅」前
参拝時間／9:00～17:00
お守り授与時間／9:00～17:00
URL／kurumazakijinja.or.jp

悪運を清めるスポット

裏参道から本殿入口付近に出る石鳥居の脇に境内社の「清めの社」があります。お社の前にある、砂を円錐形に盛った立砂は石を表しています。悪運や悪い因縁を浄化してくれるパワースポットとして有名です

幸せを招く、わんこのお守り

金刀比羅宮【ことひらぐう】

主祭神
大物主神（オオモノヌシノカミ）
崇徳天皇（ストクテンノウ）

「こんぴらさん」の名で親しまれ、海上守護、農業・商業の神様として信仰されています。江戸時代には金比羅参りはお伊勢参りに次ぐ庶民の憧れでした。その当時、参拝したくても行けない人は自分の代わりに参拝を頼む「代参」という習慣もあり、なかには犬が代参した例もあります。そんな習慣に由来するお守りが各種あります。

このお守りがすごい！

「幸せの黄色いお守り」と「ミニこんぴら狗」セット

輝きを放つお守りとかわいい犬がセットに

「こんぴら参り」と記した袋を首にかけた犬が飼い主の代参をすることがありました。袋にはお賽銭や食費などが入り、旅人たちの世話を受けながらたどり着いたそうです。代参の犬は「こんぴら狗」と呼ばれました。そんな話にまつわるお守り(1500円)

DATA

金刀比羅宮
創建／不明
本殿様式／桧皮葺の大社関棟造
住所／香川県仲多度郡琴平町892-1
交通／JR「琴平駅」から徒歩約30分
参拝時間／6:00～18:00（10月～3月 6:00～17:00）
お守り授与時間／6:00～18:00（10月～3月 6:00～17:00）
URL／konpira.or.jp

おしゃれなカフェでひと休み

表参道は本宮まで全785段の石段が続きます。その途中、500段目の広場に資生堂パーラーカフェ&レストラン「神椿」があります。セルフサービスのカフェでは軽食、レストランでは本格的なコース料理が味わえます

京都・嵐山にある車折神社。境内社に芸能神社があり、芸能人が多数訪れるスポットとしても知られています。神号の「正一位（しょういちい）」は神様や人に対して、朝廷から付けられた最高の位で、それだけ力のある神様であるということと考えてよいでしょう

日本総鎮守の最強パワーを頂ける

愛媛

大山祇神社

【おおやまづみじんじゃ】

御祭神は山の神であり、航海、稲作の神と信仰されてきました。またパワーが強く、戦いの神様として多くの武将たちに信仰されてきました。総檜造のすがすがしい総門を入ると境内には樹齢2600年と伝わる大楠が茂ります。サイクリストの聖地「しまなみ海道」の中間点、大三島にあるため、ヘルメット守（200円）もあります。

主祭神
大山積神（オオヤマヅミノカミ）

このお守りがすごい！

金襴袋入り守

日本を守る力を身に付ける

全国に約1万社ある大山祇神社の総本社。平安時代、朝廷から受けた「日本総鎮守」の称号が刺繍されています。戦勝のほか縁結びの御利益も頂けます。神紋は「折敷に三文字」で、この地を支配した村上水軍も家紋にしています。1000円

武将や軍人が篤く信仰

神宝館では戦勝祈願に多くの武将が奉納した武具を収蔵・展示しています。収蔵品は日本最古の大鎧、源頼朝・義経奉納の甲冑など貴重なものが多く、国宝8点、重要文化財は682点も。御神木のクスノキは、息を止めて周囲を3回まわると願いがかなうとか

DATA

大山祇神社
創建／神武天皇御東征の頃
本殿様式／三間社流造
住所／愛媛県今治市大三島町宮浦3327
交通／JR山陽本線「福山駅」からバス約60分「大山祇神社前」下車約1分
参拝時間／日の出頃～17：00
お守り授与時間／9：00頃～17：00

心身を元気にしてくれる神様

熊本

青井阿蘇神社

【あおいあそじんじゃ】

鎮座地は青龍・朱雀・白虎・玄武という霊獣に守られた聖地。参拝するだけで心身が清められ、元気が湧きます。本殿・廊・幣殿・拝殿・楼門の5棟の社殿はすべて慶長15（西暦1611）年から4年間にわたり造営されたもの。茅葺屋根、黒を基調とした風格ある建物で国宝に指定されています。招福開運祈願のお守りが豊富です。

主祭神
健磐龍命（タケイワタツノミコト）

このお守りがすごい！

国宝守り

発展や成功を祈願した縁起のよい紋様のお守り

国宝の社殿の彫刻にちなんだ龍は発展や成功を意味します。うっすらと入った六角形の模様は亀甲紋様といい、日本伝統の吉祥を表す図案です。古来、人々は縁起のよい紋様を身に付けて、開運を願ってきましたが、その伝統を感じさせるお守りです

注連縄が地域特有

毎年10月8日に奉納される球磨神楽は国の無形文化財。神楽が舞われる神楽殿の天井には8本の細い注連縄が張り巡らされます。これは「ヤツジメ」といって球磨地方独特の注連縄。中央は北極星を表しています

くま川鉄道湯前線
人吉温泉駅
人吉駅
JR肥薩線
人吉鉄道ミュージアム MOZOCAステーション868
188
青井阿蘇神社
445

DATA

青井阿蘇神社
創建／大同元年（西暦806年）
本殿様式／禅宗様式、桃山様式
住所／熊本県人吉市上青井町118
交通／JR肥薩線「人吉駅」から徒歩約5分
参拝時間／自由
お守り授与時間／8：30～17：00
URL／aoisan.jp

⛩ 大山祇神社は、全国の三島神社や大山祇神社の総本社。海の神、戦いの神としても崇敬され、多くの武将や軍人が参拝しました。主祭神は木花開耶姫命（コノハナノサクヤヒメノミコト）の父。木花開耶姫命が瓊瓊杵尊（ニニギノミコト）と結婚し、彦火火出見尊（ヒコホホデミノミコト）を生んだときに、お酒を造ったことから、酒造の神としても信仰され、酒造メーカーからの奉納も多いです

第三章

「御利益別！」

開運神社のすごいお守り

～縁結び～

すべてはすてきなご縁から！ 恋愛運アップはもちろん、
夫婦円満、仕事のご縁、友情など、ありとあらゆる良縁を結ぶ神社です

山形

出羽三山神社（羽黒山）
【でわさんざんじんじゃ（はぐろさん）】

人生のあらゆる願いをかなえる神社
雄雌一体のお守りで強い絆を結ぶ！

月山・羽黒山・湯殿山（通称：出羽三山）は東北を代表する聖地として、今も変わらず信仰されている霊山です。古来、出羽三山を詣でることを羽黒修験道では、死と再生の意味をもつ「三関三度の行」といい、そのなかで羽黒山は現世利益を授かり、人生における運気を底上げする山といわれ、神秘的な雰囲気が漂う参道を歩くと、心が躍動するようです。羽黒山頂の三神合祭殿は、三山の神々が一緒に祀られています。正面には鏡池があり、昔、願をかけた鏡を池に納めていたそうです。今でも「鏡池特別納鏡」を申し込むと、この神域に入ることができ、専用の鏡を池に納めることができます。参道の三の坂にある埴山姫神社※は、新しい縁を結ぶ神社として、信仰されています。

※埴山姫神社は現在倒木の影響により、一時的に羽黒山頂厳島神社に合祀されています

主祭神

【三神合祭殿（羽黒山）】
伊氐波神（イデハノカミ）　稲倉魂命（ウカノミタマノミコト）
【月山神社】
月讀命（ツキヨミノミコト）
【湯殿山】
大山祇命（オオヤマツミノミコト）　大己貴命（オオナムチノミコト）
少彦名命（スクナヒコナノミコト）

ミシュラン3つ星の参道

出羽三山の中心的存在が「羽黒山」で、月山・湯殿山が閉山の時期でもこちらは参拝可能です。樹齢300～600年の杉並木が生い茂る参道は、ミシュラン・グリーンガイド・ジャポンで3つ星の評価を受けました

願いがかなう石段を歩いて

参道の石段は2446段。石段にある33の彫り物をすべて見つけると願いがかなうとか。一の坂の登り口にある国宝五重塔は東北最古の塔。また途中にある「二の坂茶屋」では、石段を踏破した「認定証」（無料）を発行してくれます

DATA

三神合祭殿（羽黒山）
創建／西暦593年
本殿様式／権現造
住所／山形県鶴岡市羽黒町手向字手向7
交通／JR「鶴岡駅」から庄内交通「羽黒山行き」バス約50分、終点下車徒歩約5分
参拝時間／自由
お守り授与時間／三神合祭殿（羽黒山）8：30～17：00、月山神社8：30～16：00（7月1日～9月15日頃のみ開山）、湯殿山8：30～16：00（5月1日～11月上旬頃のみ開山）　URL／dewasanzan.jp

このお守りがすごい！

阿吽守（あうんまもり）

雄と雌で一体の縁結び守 ふたりの絆を強固なものに

神社の境内でよく見る狛犬「阿吽」。口が開いた雄の「阿形」は福を招き入れ、口を閉じた雌の「吽形」はあらゆる災難を家に入れないそう。「阿吽守」（1200円）は雄雌セットのお守りで、大切な人と一体ずつ持ち、ふたりの絆がより強固になるよう祈念されています

⛩ 湯殿山は丑年に参拝すれば12回お参りしたことと同じ御利益があるとされています。湯殿山神社の本宮は写真撮影禁止、土足厳禁という決まりがあり、参拝中に見たものは口外禁止。ぜひ開山時期に参拝し、自分の目で見てみましょう

幸せな出会いを授けてくれるお守り

御祭神はあらゆるものを結ぶ、縁結びの神様
恋愛、友情、会社、学校とのご縁を結んでくれます

東京

東京大神宮【とうきょうだいじんぐう】

主祭神
アマテラスオオミカミ
天照大御神

日本人の総氏神様といわれる伊勢神宮の神々を、東京にいながらにしてお参りできる「遥拝殿」として創建されました。伊勢神宮の神々のほかに、天地創造の最初に現れ、万物を生み出し、結びの働きを司る「造化の三神」をあわせてお祀りしています。造化の三神をお祀りする神社は数少なく、それだけに縁結びのパワーが絶大と女子に評判です。こちらの神社は、縁結びのお守りの種類も多く人気。おすすめは「縁授守り」です。良縁を授かる「縁授」に通じる縁起のよい樹木「えんじゅ」の木玉が入っている縁結びのお守りです。東京大神宮の縁結びとは恋愛成就だけでなく、家族や友達、学校や会社など、さまざまなご縁のことをいいます。

神門のハートを待ち受けに

神門の扉をよく見るとハート形の装飾があります。これは「猪の目」といわれる魔除けの印。撮影して、スマートフォンの待ち受け画面などに保存しておくと縁起がよい、縁結びの御利益があるなどのクチコミが広がっています

神様に手紙を出そう

「願い文」（500円）は願いごとや心に誓ったことなどを書き、それが実を結ぶように、ひもを結びます。こちらを奉納すると、翌朝神職が神前に納め、願いがかなうように祈願してくださいます。神様への手紙のようなものです

このお守りがすごい！

縁授守り

奇跡的な出会いのパワーで良縁の糸を紡ぐ

縁起のよい「えんじゅ」の木の玉が、希少な「しけ絹」の袋に納められたお守り（800円）。「しけ絹」には、2頭の蚕（かいこ）が奇跡的に出会い、力を合わせて作り出した繭（まゆ）が使われています。良縁の糸を紡いで、幸せな日々を送れるよう、祈願されています

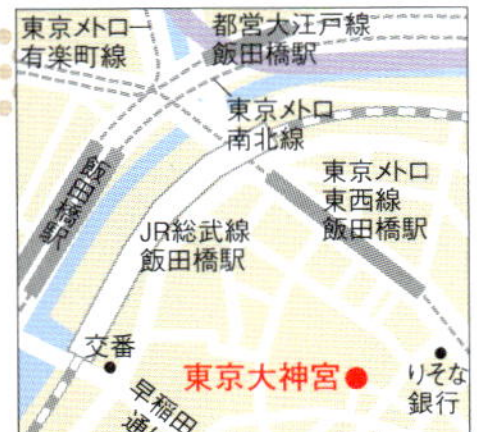

DATA

東京大神宮
創建／1880年
本殿様式／神明造
住所／東京都千代田区富士見2-4-1
交通／JR・地下鉄「飯田橋駅」から徒歩約5分
参拝時間／6:00～21:00
お守り授与時間／8:00～19:00
URL／tokyodaijingu.or.jp

⛩ 境内は縁結びを願う若い女性でいつもにぎわっていますが、平日の午前中が比較的すいています。縁結びのお守りが多数揃いますが、なかでも「縁結び鈴蘭守り」は、ひもが切れたり、社紋が取れたりすると、よいことが起こる前兆……といううわさが広がっています

アートのパワーで恋をかなえる

境内のオブジェが幸せを運んでくれるアートな神社 スタイリッシュな「LOVE守」は、実は御利益最強

東京

新田神社【にったじんじゃ】

江戸時代から運を開き、幸せに導く神様として信仰を集めてきました。また、破魔矢の元祖「矢守」を最初に頒布した神社としても知られています。境内に入ると目の前にケヤキの大木、その向こうに社殿が建ち、右手に正方形の石のモニュメントがあります。よく見ると表面にLOVEの文字と鳥居の意匠が彫られています。「LOVE神社」と名づけられた彫刻です。制作したのは日本を代表するグラフィックデザイナー浅葉克己さん。本殿参拝後にこの前で写真を撮ったふたりに幸せが訪れるようにとの祈願が込められたパワスポです。縁結びのお守りも浅葉さんのデザイン。ハート形やLOVEのロゴがかわいいお守りなどアート感覚あふれるお守りが揃っています。

主祭神

新田義興公（ニッタヨシオキコウ）

生命力が強いケヤキ

江戸時代に落雷で幹が裂かれても枯れず、昭和20（1945）年の東京大空襲でも残った御神木のケヤキは樹齢700年。触れると健康長寿、病気平癒、若返りの御利益があると評判です。お正月には限定の「御神木御守」が授与されます。

こちらがLOVE神社

古来「運を守る神様」として信仰されている新田神社にお参りし、こちらのLOVE神社で写真を撮ったカップルは「幸せ」が訪れるというありがたい彫刻なので必ず参拝を。その御利益がうわさになり、テレビなどでも紹介されました

LOVE守

ますます運が開けて すてきな人と恋愛できる

モノトーンのお守り袋がクールな「LOVE守」（600円）は、運が開け、すてきな人とすばらしい恋愛ができるよう祈願されています。グラフィックデザイナーの浅葉克己さんデザインで、LOVEの文字の中の小さな鳥居がアクセントに。ほかに、小さな鈴がかわいいハート型のお守りやイヤホンジャック用のお守りなども揃います

DATA

新田神社
創建／正平13年（1358年）
本殿様式／神明造及び流造
住所／東京都大田区矢口1-21-23
交通／東急多摩川線「武蔵新田駅」から徒歩約3分
参拝時間／自由
お守り授与時間／9：00〜17：00（1/1〜1/3は8：00〜19：00）
URL／nittajinja.org

⛩ お守りはほかに「勝守」（500円）や「御神木御守」（600円）があり、それぞれ正月限定のお守り（600円）を頒布。また境内には石でできた卓球台があります。ラケットは社務所で貸し出していて、青空卓球を楽しむことができます

県下随一の格式と歴史を有する結びの神様

男女の縁や、家族、友人、仕事での出会いとさまざまな良縁を祈願しよう

富山

越中総鎮守一宮 射水神社
【えっちゅうそうちんじゅいちのみや いみずじんじゃ】

射水神社は、桜の名所として知られる、高岡市の高岡古城公園内に鎮座しています。越中国の総鎮守一宮であり、越中唯一の名神大社（社格のひとつ）です。万葉集にも登場する神社で、創建は太古の昔、奈良時代以前といわれています。古くは射水神社の北に位置する、二峰を有する二上山を神体山として祀ってきました。御祭神の瓊瓊杵尊は日本全土に稲作を広めた神様。五穀豊穣やすべての諸産業の守り神として崇敬されてきました。射水神社では、二上神という神様と同一であるとされ、結びの神として敬われています。結ぶのは男女の縁にとどまらず、家族の縁、友人の縁、仕事でのお客様との縁、出会いなどなど。さまざまな良縁を祈願する参詣者が絶えません。

主祭神
二上神（フタガミノカミ）
（瓊瓊杵尊）（ニニギノミコト）

ハートの穴が縁起よし！

御神木である「紅梅」の幹にハート型の穴が空いており、最近になって「縁結びの御神木」として人気急上昇中。樹齢が400年以上といわれるありがたい御神木の威力に、ぜひあやかりましょう

夫婦のように寄り添う「さざれ石」

国歌『君が代』にも歌われている「さざれ石」。境内の榊の下にあります。こちらのさざれ石は夫婦のように「人」形に寄り添い、奥には「子石」もあり、理想の家族像ともいわれています

このお守りがすごい！

結い守

"運命の赤い糸"をあしらったお守りをいつも身に付けて

赤い糸で結ばれた運命の人に出会えるように。いつもふたりの心がつながっているように。「結びの神様」から頂く「結い守」（800円）は強い味方。ほかにも男女の神の神話にちなんだ「恋愛成就絵馬」があり、境内に無数に掛けられています

DATA

越中総鎮守一宮
射水神社

創建／奈良時代以前
本殿様式／神明造
住所／富山県高岡市古城1-1
交通／JR・万葉線・あいの風とやま鉄道「高岡駅」から徒歩約10分
参拝時間／6:00～19:00
お守り授与時間／8:30～17:00
URL／www.imizujinjya.or.jp

参道にある檜製の鳥居は、伊勢の神宮から特別に授与されました。神宮では参拝者が通れない奥のエリアにあった鳥居なのだそう。また、射水神社が鎮座する高岡城本丸跡地は桜の名所。全国から大勢の参拝者が訪れます

平安時代から恋の宮として知られる

本宮と奥宮の中間にある中宮は縁結びの神様
運気アップ&幸せになれるお守りを頂きましょう

京都

貴船神社【きふねじんじゃ】

写真・今宮康博

貴船川の上流にたたずむ貴船神社は、品格が感じられる神社です。境内には本宮、中宮、奥宮がありますのですべて参拝しましょう。「きふね」とは「氣生根」とも書き、万物のエネルギーである「氣」が生じる根源の地という意味。境内にいるだけでも生命力や運気が上昇するといわれます。御祭神は龍神で、命の源でもある水と関係の深い神様です。本殿前で御神水のお水取りができます。奥宮は創建の地に建ち、龍が住む「龍穴」があると伝わります。中宮は「結社」とも呼ばれる恋愛成就のパワースポットです。お守りは力強い龍神にちなみ運気アップの「龍神札」や人生や恋愛成就を梶取り、成功を願う「梶取守」がおすすめ。

本宮前で水占いに挑戦を

現在の本宮社殿は平成の御造営で平成17（2005）年に建て替えられたものです。当たると評判の「水占みくじ」は本宮で行えます。水占みくじは御神水におみくじを浮かべ、浮き上がってきた字で占うものです

写真・今宮康博

写真・今宮康博

奥宮は必訪スポット

奥宮は貴船神社が創建された地。御祭神のタマヨリヒメノミコトが乗ってこられた船が黄色であったと伝わることから「黄船宮」とも称され、この船を人目に触れないように石で包み囲んだと伝えられる船形石があります

お守り授与時間／9:00～17:00

DATA

貴船神社

創建／不明　本殿様式／本殿：流造、拝殿：入母屋造切妻向拝付き
住所／京都府京都市左京区鞍馬貴船町180
交通／叡山電鉄鞍馬線「貴船口駅」から市バス約4分「貴船」下車徒歩約5分
参拝時間／6:00～20:00（冬期12/1～4/30 6:00～18:00）
URL／kifunejinja.jp

このお守りがすごい！

龍神札　梶取守

運気が上がり、幸運な人生を送ることができるとっておきのお守り

天に昇る龍のように運気や恋愛運上昇を願う龍神札。そして人生や縁結び、恋愛成就を成功させるには、幸福に導く梶取りが重要ということで「梶取守」もおすすめです。どちらにも貴船神社の御神紋である二葉葵紋が配されています

貴船神社の周辺は、京都駅周辺より気温が低いので、服装に注意しましょう。冬は雪も積もり、幻想的な風景が楽しめます。夏は神社の氏子地域に点在する店で、川床料理が楽しめます。秋の紅葉や初夏の青もみじも美しいです

源氏物語にゆかりのある聖地

縁結び

京都

野宮神社

【ののみやじんじゃ】

嵯峨野の竹林のなかにたたずむ神社には1年以内に祈願が成就するという亀石が

かつて、天皇の代理で伊勢神宮にお仕えする「斎王」という女性が皇女、女王のなかから選ばれていました。斎王が伊勢に向かう前に1年間身を清めた場所が野宮です。ですから、とても神聖な場所にある神社なのです。入口に建つ黒い鳥居はクヌギの樹皮を剥かずに使用した黒木鳥居。最も古い様式の鳥居で、源氏物語「賢木の巻」に登場します。境内には芸能上達の弁財天や良縁祈願の大黒天も祀られ、願いがかなう神石(亀石)や禊祓清浄祈願所があります。禊祓いはお祓いしたいことや祈願を書いた紙を水に浮かべ、紙が沈むとかなうというもの。ストーカーやセクハラのお祓い祈願にも効果ありとか。縁結びや子宝・安産御守のほかに、源氏物語にちなんだお守りがあります。

主祭神
野宮大神(ノミヤオオカミ)
(天照皇大神(アマテラスオオミカミ))

1年以内に願いがかなう石

神石(亀石)は、本殿、大黒天など境内社に参拝した最後に、願いを込めて祈りながらなでると、1年以内に祈願がかなうといわれています。良縁に恵まれた、結婚が決まったなどのクチコミが多数寄せられています

迷惑行為は禊祓清浄祈願所へ

授与所で頒布している用紙(300円)に、ストーカーやセクハラなどの祓いたい行為や清めたい事柄を記入し、紙を水に浮かべ、文字が消えて、紙が沈んだら、神様に願いが伝わったことになるそうです

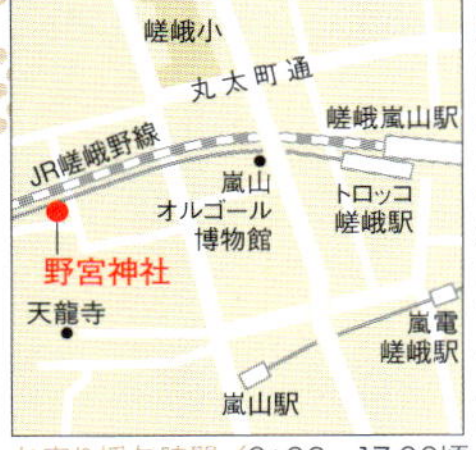

お守り授与時間/9:00〜17:00頃

DATA

野宮神社
創建/809年(大同4年)
本殿様式/神明造
住所/京都府京都市右京区嵯峨野宮町1
交通/京福電鉄嵐山本線「嵐山駅」から徒歩約10分、JR嵯峨野線「嵯峨嵐山駅」から徒歩約10分、阪急電鉄嵐山線「嵐山駅」から徒歩約20分
参拝時間/9:00〜17:00
URL/nonomiya.com

このお守りがすごい!

源氏物語旧蹟 開運招福御守

源氏物語に登場する神社ならではの美しいお守り

表には優雅な平安装束を身にまとった女性(六条御息所)、裏面には光源氏が刺繍してあります。初穂料1000円。源氏物語ゆかりの神社らしい雅な意匠のお守りです。ほかにも刺繍が華やかな縁結びお守りが各種あります

野宮神社から日本庭園「大河内山荘庭園」まで、青々とした竹林に囲まれた小道「竹林の道」が続きます。ドラマやCMにもよく登場するフォトジェニックなスポットなので、ぜひ散策を!

奈良

結婚したいならここに行くしかない！
しゃもじに願いを込める恋愛成就のパワースポット

春日大社 夫婦大國社
【かすがたいしゃ めおとだいこくしゃ】

春日大社 中門

撮影：桑原英文

主祭神
（夫婦大國社の主祭神）
大国主命（オオクニヌシノミコト）
須勢理姫命（スセリヒメ）

全国に約3000社ある春日神社の総本社・春日大社。61ある摂末社のひとつ・夫婦大國社は、全国で唯一、夫婦の大国様が祀られています。妻の御神像はしゃもじを持ち、「炊事洗濯が上手な、よき妻になれますように」と願ったという伝説が伝わっています。男女の縁結び、夫婦円満、家内安全などの御利益が高いといわれ、願いごとが書かれたしゃもじが大きな桶いっぱいに奉納されています。本気で縁結びを願う人は、御本殿で9時から行われる朝拝（無料）に参加を！ 古来伝わる大祓詞を神職と一緒に奏上します。また、末社の赤乳神社・白乳神社の遥拝所があり、ここは女性の病気にもよいとされています。用紙を水に浸すと、文字が浮かんでくる「水占い」もぜひ試してみてください。

幻想的な万灯籠

境内に約3000基もある燈籠。灯籠に火をともし、願いを祈願することができます（3000円で当日申し込み可）。8月14日・15日と節分の日には燈籠のすべてに火がともり、幻想的

結婚したけれぱこちらへ

61もの摂末社がある春日大社。そのひとつである夫婦大國社は、ただの恋愛成就より、本気で結婚を願う男女におすすめです。芸能人が願いを込めて奉納したたくさんのしゃもじも見つけることができます

このお守りがすごい！

恋に結婚に健康に。悩める女性のお助けアイテムがいっぱい

縁結び、結婚、病気平癒など悩める女性の願いをかなえる授与品がたくさん。「えんむすび」の文字がうれしい「ハート絵馬」（800円）、「赤乳・白乳各神社絵馬」（800円）ほか、福を招く古来のお守り「福之種子」（300円）は財布などに入れて、持ち歩きましょう

DATA

春日大社 夫婦大國社
創建／768年　本殿様式／春日造
住所／奈良県奈良市春日野町160
交通／近鉄「近鉄奈良駅」から徒歩約25分、JR「奈良駅」から奈良交通バス約15分「春日大社本殿」下車すぐ
開門時間／6:30～17:00（10月～3月）
6:00～18:00（4月～9月）
お守り授与時間／9:00～16:30
URL／kasugataisha.or.jp

茨城県の鹿島神宮から白鹿に乗って春日大社の主祭神である武甕槌命（タケミカヅチノミコト）がやってきたという伝説から、春日大社では鹿が神様の使いとされており、今も奈良公園一帯にはたくさんの鹿がいます

たくさん願いごとがあっても大丈夫！

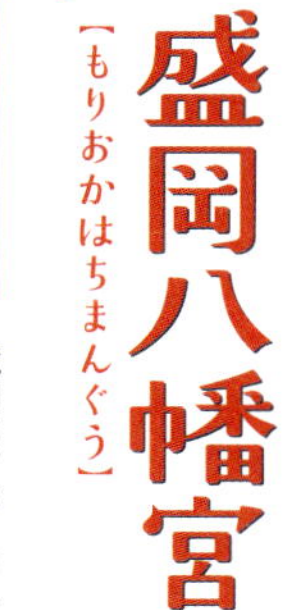

盛岡八幡宮
【もりおかはちまんぐう】

境内は、たくさんの神様が鎮座し、まるで「神社のテーマパーク」。縁結びで人気なのが縁結美(えんむすび)神社。台所に立つ人や料理人が参拝する高倍神社は調味料や料理の守り神。梅宮は、安産祈願の社。ほかにも、商売繁昌の大国・恵比寿様、学問の神、そのものズバリの健康神社、芸能上達の神様などが、さまざまな願いごとに応えてくださいます。

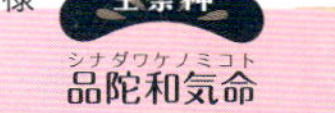

品陀和気命（シナダワケノミコト）
（応神天皇・第15代）

このお守りがすごい！
ごりやく守り

恋も仕事も健康も金運も何でもこのひとつでかなう

滝を昇る鯉が5匹描かれた「五鯉躍」守り。霊験は、恋愛成就に加えて、健康長寿、立身出世、財運上昇、諸願成就と5つもあります。ほかにも馬を9頭描いた「うまくいく守り」や「お酒を飲む人の御守」など、バラエティ豊富（お守りは各800円）

赤いひもで縁結び

良縁に御利益ありと、小さいながらも参拝者に人気の縁結美神社。御祭神は主祭神と同じ大国主命です。赤い結びひもを、左右に置かれたハート型の結び台に結んで祈願します。五円玉を一緒に結び付ける人も

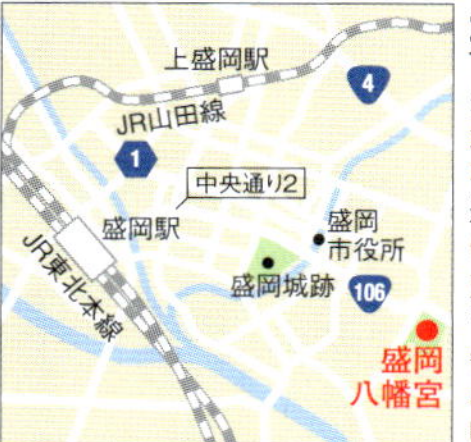

DATA

盛岡八幡宮
創建／康平5年（1062年）
本殿様式／権現造（全体）、入母屋造（拝殿）
住所／岩手県盛岡市八幡町13-1
交通／JR「盛岡駅」からバス約15分「八幡宮前」下車すぐ
参拝時間／自由
お守り授与時間／9：00～17：00
URL／morioka8man.jp

恋愛弱者を勝ち組に導く

太平山三吉神社
【たいへいざんみよしじんじゃ】

御祭神は縁結び、勝利成功の神様たち。正義感が強く、立場の弱い者を支えてくれる神様は恋愛弱者の味方になってくれるはずです。秋田駅の東側に里宮、標高1170mの太平山山頂に奥宮があります。里宮の社殿の屋根は太平山の姿を模した造りです。五穀豊穣を願う1月の三吉梵天祭(みよしぼんてんさい)が有名で祭事にちなんだ三角形のお守りを頒布しています。

主祭神
大己貴大神（オオナムチノオオカミ）
少彦名大神（スクナヒコノオオカミ）
三吉霊神（ミヨシノオオカミ）

このお守りがすごい！

三角守

強い霊力が宿る祭にちなんだお守り

心身ともに健康で、事故や災難に遭わないよう、日常生活を守護してくれるお守り（700円）。お守りとしては珍しい三角形は三吉梵天祭で奉納される梵天のお守りの形を模しています。袋に刺繍されているのは太平山と神紋の三ツ吉紋です

奥宮からは絶景が広がる

太平山山頂に立つ奥宮からは鳥海山や日本海が一望のもと。特に朝日、夕日はすばらしい風景が広がります。山頂までは整備された登山道が続き、3時間30分から4時間30分ほど。宿泊施設も完備されています

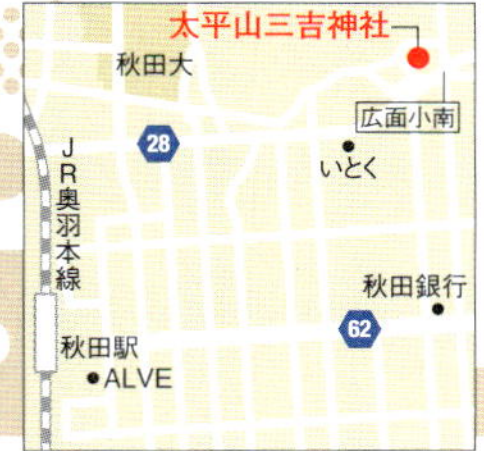

DATA

太平山三吉神社
創建／白鳳2年
本殿様式／変形の流造
住所／秋田県秋田市広面字赤沼3-2
交通／JR「秋田駅」から秋田中央交通バス約10分「三吉神社入口」下車徒歩約2分
参拝時間／自由
お守り授与時間／7：30～20：00
URL／www.miyoshi.or.jp

⛩ 太平山三吉神社は、日本各地からブラジルのサンパウロにまで祀られる三吉神社の総本宮。古くは修験道の山としての「太平山信仰」と、曲がったことが大嫌いで、弱きを助け、邪悪なものをくじく神様として知られる「三吉信仰」があいまって、古来、勝利成功・事業繁栄の霊験あらたかな神社として崇敬されています

清らかな縁を結んでくれる

愛知

真清田神社
【ますみだじんじゃ】

古くは木曽川から清らかな水を引いた水田地帯だった一宮市。農業の神様をお祀りしたのが真清田神社で、運気上昇のパワスポといわれています。本殿右手にあるのが縁結びの御利益で有名な服織神社です。糸と糸を織ることから人と人を結ぶ縁結びの御利益があります。七夕にちなんだ縁結びのお守りに恋をサポートしてもらいましょう。

主祭神
天火明命（アメノホアカリ）

このお守りがすごい！

七夕おりひめ守護

別添の2本の赤い糸が良縁を紡ぐ

男女が恋心を詠んだ和歌の短冊を模した形のお守り（1000円）。「運命之紅糸」と名付けられた赤い糸が2本添付してあり、1本を服織神社に結び、もう1本は身に付け、成就を祈願します。毎年7月下旬には一宮市との共催で「一宮七夕まつり」が行われ、130万人もの見物客が訪れます

霊水は持ち帰り可能

本殿手前の左手に霊水が湧く神水舎があり、お水取りができます。この井戸に自分の顔を映し、健康や家内安全を願います。手前には「おもかる石」があり、祈願して持ち上げ、軽く感じたらかなうといわれています

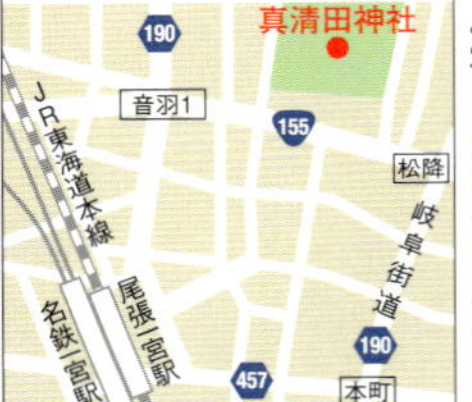

DATA

真清田神社

創建／神武天皇33年
本殿様式／尾張造
住所／愛知県一宮市真清田1-2-1
交通／JR東海道本線「尾張一宮駅」、名鉄「名鉄一宮駅」から徒歩約8分
参拝時間／自由
お守り授与時間／9:00～17:00
URL／www.masumida.or.jp

五色の糸で良縁を紡ぐ

愛知

若宮八幡社
【わかみやはちまんしゃ】

豊臣秀吉、徳川家康から寄進を受けた名古屋の総鎮守です。本殿に参拝したら、縁結び祈願は社務所で「願いの緒」を受けて境内の神御衣（みころも）神社へ。御祭神は裁縫の上達に力を授け、女性を守護してくれる神様。願いごとを書いた「願いの緒」を神前に張られた五色の綱に結びましょう。お守りは「幸せの糸巻」。良縁をつないでくれます。

主祭神
仁徳天皇（ニントクテンノウ）
応神天皇（オウジンテンノウ）
武内宿禰命（タケノウチスクネノミコト）

このお守りがすごい！

幸せの糸巻

糸巻で良縁を確実に引き寄せる

神御衣神社で2月に行われる針供養にちなんだ糸巻形のお守り（1000円）。五色の糸が巻き付くことで良縁を結び、成就に導いてくれるとされます。神御衣神社に隣接する連理稲荷も夫婦キツネが祀られた縁結びスポットです

花嫁行列が見られるかも

境内にある「若宮の杜 迎賓館」は地元の人に人気の結婚式場。週末の天気のよい日、運がよければ花嫁行列を見ることができるかも。新郎新婦のフレッシュでハッピーなオーラを頂けば、幸せな1日が過ごせそう

DATA

若宮八幡社

創建／大宝年間（701～704年）
本殿様式／二間社流造
住所／愛知県名古屋市中区栄3-35-30
交通／地下鉄名城線「矢場町駅」から徒歩約5分
参拝時間／自由
お守り授与時間／9:00～17:00
URL／www.wakamiya.or.jp

⛩ 真清田神社の周辺地域は、木曽川の恩恵を受けた水田地帯として繁栄していました。近年は繊維の街としても発展しています。真清田神社の御祭神の母・萬幡豊秋津師比売命は、織物の神様として知られています。織物産業の発展は、この神様のご加護もあると考えられています

神様の案内役が、あなたの道も開く！

三重

二見興玉神社

【ふたみおきたまじんじゃ】

主祭神

サルタヒコノオオカミ
猿田彦大神

伊勢湾を望む二見浦にある夫婦岩は、夫婦円満、良縁の象徴。実は沖合い700メートルの海中に鎮む、興玉神石を拝むための鳥居なのです。興玉神石は、道を開き、導く神として崇敬される御祭神縁の石。かつてはお伊勢参りの前には必ずこちらで禊を済ませてから伊勢神宮にお参りするのが、古くからの習わしとされています。

このお守りがすごい！

金銀蛙　無垢塩草（むくしおくさ）

お金も失せ物も幸せも彼もあなたの元に、みなカエル

主祭神・猿田彦大神の神使であるカエルのお守り。全長1センチの「金銀蛙」（金銀1セット400円）をお財布に入れておけば、お金が「返る」、失せ物「返る」、無事「帰る」の御神徳が。「無垢塩草」（200円）は心身を清めるお守り。伊勢神宮参拝前に頂く授与品でもあります

日の出と夫婦岩との見事なコラボ

夏至の前後1ヵ月は朝日が、秋から冬にかけては満月が、夫婦岩の間から見ることができ、写真スポットとしても有名です。しめ縄は5月5日・9月5日・12月中旬の土・日曜に張り替えられます

DATA

二見興玉神社

創建／不明
本殿様式／神明造
住所／三重県伊勢市二見町江575
交通／JR参宮線「二見浦駅」から徒歩約15分
参拝時間／自由
お守り授与時間／夏季 5:00～18:30、冬季 7:00～17:00

御祭神は縁結び最強の夫婦神

滋賀

多賀大社

【たがたいしゃ】

主祭神

イザナギノオオカミ
伊邪那岐大神
イザナミノオオカミ
伊邪那美大神

古くから「お多賀さん」と呼ばれ親しまれています。御祭神は夫婦の神様で、神話によると日本の国土やアマテラスオオミカミをはじめ多くの神々を生んだことから「命の神様」とされています。延命長寿祈願で有名ですが、縁結びの御利益でも知られます。授与品では奈良時代、元正天皇の病気を治したと伝わる「多賀杓子」や「杓子絵馬」が有名です。

このお守りがすごい！

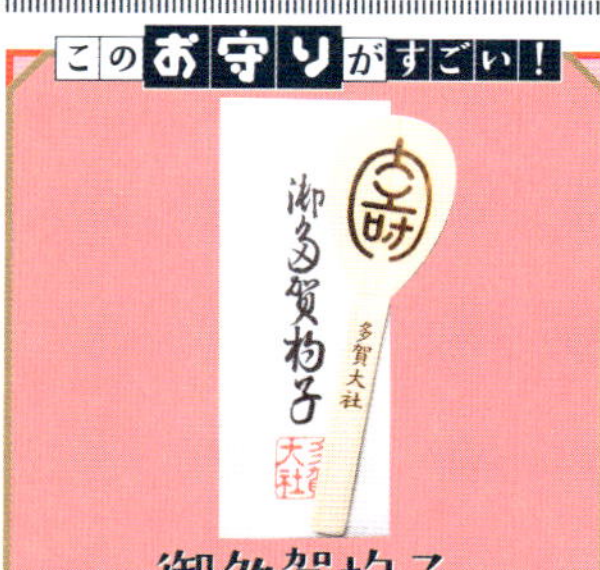

御多賀杓子

多賀大社のお守りを代表する「使える」お守り

元正天皇の病に際し、多賀大社の神主が強飯を炊き、シデの木で作ったおしゃもじを献上すると病気が平癒したと伝わります。この故事に由来する授与品で、この杓子を使うと縁起がよいとか、元気になるとかいわれています。300円

寿命石に延命祈願

平安時代、僧・俊乗坊重源（しゅんじょうぼうちょうげん）は東大寺の再建を命じられ、完成まで寿命を延ばすため多賀大社を訪れ、寿命石に延命を祈願。すると、20年の寿命を授かりました。その由来を伝える石で、今も、長寿を願う参拝者が絶えません

DATA

多賀大社

創建／不明
本殿様式／三間社流造
住所／滋賀県犬上郡多賀町多賀604
交通／近江鉄道「多賀大社前駅」から徒歩約10分
参拝時間／自由
お守り授与時間／7:00～17:00（正月期間を除く）
URL／tagataisya.or.jp

二見興玉神社は、夫婦岩がある浜で禊を行い、清め、伊勢神宮の外宮、内宮と参拝する習わしがありました。多賀大社は昔「伊勢に参らばお多賀へ参れ。伊勢はお多賀の子でござる」と歌われたほど、伊勢参りとともに、庶民の間で信仰が広がりました

ラブレターで良縁をかなえる

須賀神社【すがじんじゃ】

主祭神 素戔嗚尊（スサノオノミコト） 櫛稲田比売命（クシナダヒメ）

仲がよく、円満で知られる夫婦神が御祭神。良縁祈願でにぎわうのは節分当日と前日の2日間です。両日限定授与の「懸想文」というお守りがあるからです。この日、境内には、烏帽子・覆面・水干姿の「懸想文売り」が出現し、懸想文を授与します。お守りには容貌が麗しくなり、服が増え、良縁に恵まれるという御利益があります。

このお守りがすごい！

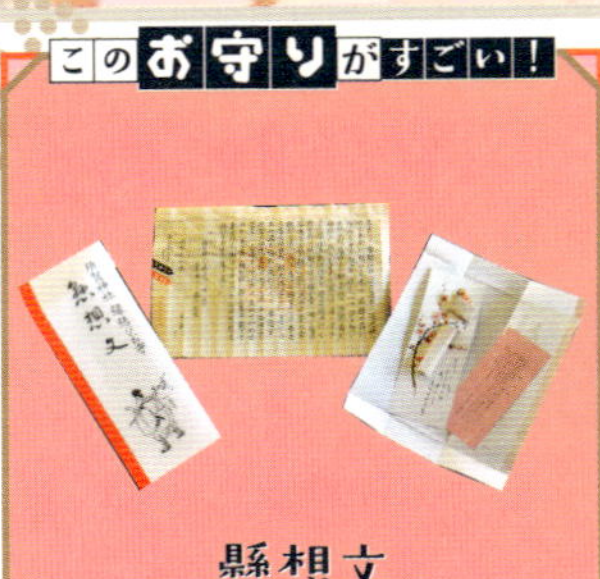

懸想文

平安時代のラブレターが良縁を引き寄せる

懸想文とはラブレターのこと。お守りの中には古文で書かれた和歌・恋文が入れられています。中は開けて見てもOK！　これを他人に知られないようにタンスや鏡台の引き出しに入れておくと良縁や招福、商売繁昌の御利益があるということです

DATA

須賀神社
創建／869年（貞観11年）
本殿様式／不明
住所／京都府京都市左京区聖護院円頓美町1
交通／京阪鴨東線「神宮丸太町駅」から市バス約2分「熊野神社前」下車徒歩約10分
参拝時間／自由
お守り授与時間／9：00～17：00

懸想文売りから頂こう！

懸想文売りの姿は平安時代の公家の姿。貧しい下級公家はラブレターの代筆をして生活費の足しにしていました。そこで素性を知られないように覆面で顔を隠したのです。節分の2日間はふたりの懸想文売りが出現します

縁を結ぶ神秘的な月のパワー

西照神社【にしてるじんじゃ】

主祭神 月夜見大神（ツクヨミノオオカミ）

標高946mの大滝山山頂に鎮座し、不思議なことが起こるパワースポットとして知られます。主祭神は夜を支配する月の神様・ツクヨミ。天照大神（アマテラス）、素戔嗚尊（スサノオ）とともに最も貴い神「三貴神」とされるのですが、祀られている神社は限られています。配神として宗像三女神も祀られ、癒やしを与え、女性の祈願を聞いていただけます。

このお守りがすごい！

良縁守　月神の石

自分に合う石を運気を高める特別なお守り

「月神の石」（1000円）は境内の祈り石・願い石を体現させたお守り。ひと月10体のみ授与される「良縁守」（2500円）は、ふたつの勾玉で円を表し、縁を招き結び付けてくれるお守りです。オルゴンエネルギーで近年話題の「オルゴナイト守り」（2500円）もあります

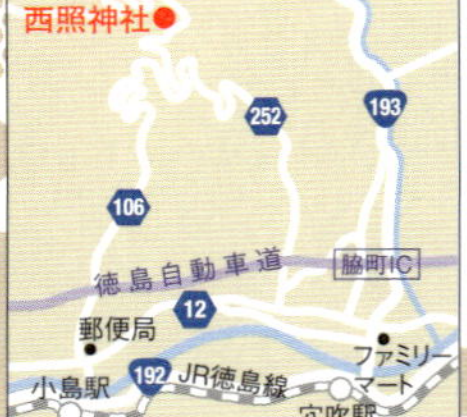

DATA

西照神社
創建／不明
本殿様式／流造
住所／徳島県美馬市脇町西大谷672
交通／徳島自動車道「脇町IC」から車で約30分
参拝時間／自由
お守り授与時間／週末のみ9：00～17：00（郵送対応可能）
URL／nisiteru-jinja.com

祈り石と願い石

木立に囲まれた「願い石」と「祈り石」があります。心願を「願い石」に祈り、「祈り石」には感謝をささげて祈ります。両者に祈ることで心願成就を願う欲望が感謝によって調和され、神様が願いをかなえてくれるそうです

須賀神社の懸想文の文章は毎年変わります。懸想文の内容は京大の入試で題材となったこともあります。西照神社では月のパワーを頂きましょう。昔から月の満ち欠けに人の生活は影響を受け、月には神秘の力があると信じられてきました

神聖な木のなかで祈願されたお守り

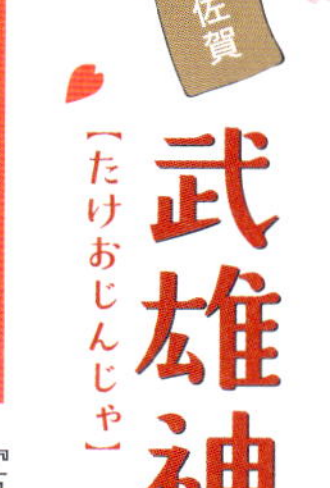

武雄神社

【たけおじんじゃ】

『古事記』『日本書紀』に登場する武内宿禰（タケウチノスクネ）が主祭神。武運、開運、厄除けに霊験あらたかとされる神社で信仰を集めるのが、夫婦和合と縁結びの御神木・夫婦檜です。2本のヒノキが根本のあたりで結ばれ、樹の中ほどで、再び合着。木に下がっている「鈴緒」に「願掛け宝来鈴」を結び付け、優しく鳴らすと願いがかなうそうです。

主祭神
武内宿禰（タケウチノスクネ）

このお守りがすごい！

大楠守

御神木のパワーを常に身近に

武雄神社の御神木の大楠の、巨大なウロの中で祈願した、ありがたいお守り（1000円）。巨木の生命力が不老長寿を、虫よけにも使われる楠の力が無病息災を、しっかりと根を張る堅実さが商売繁昌と金運をもたらしてくれます。桐箱付き

縁結び

武雄神社の御神木

推定樹齢3000年、高さ27m、根回りは26m。天神様を祀った根本の空洞は、広さ12畳もあります。環境庁が平成元年に実施した「緑の国勢調査」で、全国で第6位の巨木に認定されました

DATA

武雄神社
創建／735年
本殿様式／流造
住所／佐賀県武雄市武雄町武雄5327
交通／JR佐世保線「武雄温泉駅」から徒歩約25分
参拝時間／自由
お守り授与時間／9:00～17:00
URL／takeo-jinjya.jp

ビーチを見下ろす聖地で良縁祈願

波上宮

【なみのうえぐう】

ビーチを見下ろす崖の上に位置する朱色の社殿が鮮やかな神社です。神社がある土地は、風水の方位的に、人気運や恋愛運アップに御利益があると考えられています。境内は人々が航海の安全や招福、五穀豊穣を祈った聖地。強いパワーがあふれています。合わせ貝の縁結びお守りや伝統染物・紅型（びんがた）のお守りなど沖縄らしいお守りが揃っています。

主祭神
熊野三神（クマノサンシン）

このお守りがすごい！

水琴鈴招福お守り

さわやかな音が幸せを運ぶお守り

持つ人の心を浄化するよう特別に祈願されたお守り（800円）。かわいい鈴を振ると心地よい波の音が聞こえるようで、穏やかで幸せな気持ちになれます。沖縄の伝統工芸「紅型」のデザインを模したお守りも人気です

DATA

波上宮
創建／不明
本殿様式／流造
住所／沖縄県那覇市若狭1-25-11
交通／ゆいレール「県庁前駅」または「旭橋駅」から徒歩約20分
参拝時間／自由
お守り授与時間／9:00～17:00
URL／naminouegu.jp

シーサーがお出迎え

拝殿の屋根は琉球瓦葺。狛犬の代わりにシーサーが出迎えてくれる、沖縄らしい明るい雰囲気の神社です。地元の人々に「ナンミンさん」と呼ばれ、親しまれています

⛩ 蔦屋書店とスターバックス コーヒーが併設され話題となった武雄市図書館は武雄神社の参道にあります。時間があれば立ち寄ってみましょう。武雄神社の境内は整備され、新旧の魅力をあわせ持ちます

お守りColumn神社

本格的に祓いたければまずここへ!

御祈祷ベスト10

ツイていないときやなんとなく不安というとき、なんとしてもかなえたい祈願があるときにはご祈祷を受けてみては?
通常の参拝では入れない社殿のなかで、神聖な空気に包まれて御祈祷を受ければ清々しい気分になれるはず。

御祈祷・正式参拝とは

通常の参拝は社殿の前に進み、お賽銭を入れて拝礼をしますが、厄祓い、安産祈願、病気平癒など、特別に祈願したいことがあるときには、昇殿の上、神職に祝詞をあげてもらい、願意を取り次いでもらいます。正式参拝とは、昇殿の上、神社の作法に則って参拝することで、おもに団体で参拝するときに行われます。

御祈祷の流れ

社務所あるいは授与所にある申込用紙に必要事項を記載後、初穂料(祈祷料)を添えて渡します。神社に規定の金額がある場合は、その金額に従ってください。一般的には5000円~1万円ほどです。神様へのお供えである初穂料はのし袋に入れて渡しますが、袋はシンプルなものでかまいません。袋の表書きには「初穂料」あるいは「玉串料」と書き、自分の名前をフルネームで書きます。

昇殿したら、最初にお祓いを受けます。神職が祓詞を唱えますので深く頭を下げます。さらに祝詞を奏上。一連の作法については神職が指示してくれます。玉串という榊の枝をささげる玉串拝礼を行う場合があります。その場合は、玉串の枝の根元を右、枝先を左にして受け取り、祭壇まで進み、軽く一礼。玉串を右回りに回転させ、玉串に思いをのせ、捧げます。その後、二拝二拍手一拝をして下がります。後退するときは神様におしりを向けないように心がけましょう。

御祈祷ベスト10 中津川さんおすすめの御祈祷神社

順位	神社	コメント
1	秩父神社	願意に対するていねいな御祈祷はもちろんですが、それだけではありません。祈願に関連することも併せて御祈祷していただけます。商売繁昌祈願のときには事業の成功だけでなく、従業員の健康までも祝詞をあげてくださいました。
2	稲荷鬼王神社	東京都新宿区歌舞伎町にある小さな神社ですが、江戸時代から伝わる干支祈願が今も残っています。干支祈願は1年を無事平穏で過ごせるように干支に祈願、好きなだけお願いしても大丈夫です。
3	鹿島神宮	正式参拝の際、宮司が祝詞をあげている最中に、まるで高天原から神様が降りてきたような雰囲気を感じました。後日、一緒に参拝した人にこの話をしたところ、彼も同じような雰囲気を感じていたとのことでした。
4	三峯神社	御祈祷の前には穢れを祓うお祓いを行いますが、これを大祓詞で行ってくれます。また、神様のお使いオオカミの神霊をお札に宿らせ、頂ける「御眷属拝借」(P.33)という三峯神社ならではの御祈願があります。
5	大神神社	奈良県桜井市にある大神神社は三輪山を御神体とする古社中の古社です。社殿が建つ以前の祭祀の様子を今も伝え、日本最古の神社ともいわれています。授与されるお札は木の箱に入っており、特別な感じがします。
6	戸隠神社	ほかの御祈祷とは少し異なりますが、単なる芸能としてでなく、神様に願いをお伝えする神事として、平安時代から地元の人が継承している太々神楽が舞われます。例祭・祈年祭などのお祭りなら、無料で拝観できます。
7	石上神宮	石上神宮は、大和朝廷の祭祀の中心的存在だったと考えられています。今も古来の祝詞が伝えられています。そのためか、こちらの神社の御祈祷は特別なものを感じられます。
8	箱根神社	風水的にもすばらしい場所にあり、本殿の中はさらに神聖な氣を感じます。箱根神社で感じた本殿の中は、類まれな神聖さ。以来、私はこちらの本殿に入りたいという思いで、御祈祷をお願いするようになりました。
9	吉田神社	吉田神社の境内に建ち、全国の神様をお祀りする大元宮では節分祭のときに限り、昇殿しての御祈祷が受けられます。とても狭い空間のなかで、円座に座って受ける御祈祷では独特な感覚を感じることでしょう。
10	ときわ台 天祖神社	伊勢神宮と同じアマテラスオオミカミを祀る神社。宮司さんによる、まるで詠うような祝詞が何ものにも代えがたいすばらしさでした。御年齢もあり、近日宮司さんは引退されるそうです。おみくじなども魅力的。

※上記は中津川さんの感想です。御祈祷の内容など現在は行われていない場合もあります

第三章

「御利益別！」

開運神社のすごいお守り

～金運～

商売繁昌、昇給、宝くじ当選、貯蓄額アップ……
一生お金に困らない人生を願う人なら、必ず訪れたい神社を紹介

東京

虎ノ門 金刀比羅宮

【とらのもん ことひらぐう】

都会の真ん中。江戸時代初期に勧請され、現代では近代的な雰囲気の神社

東京のオフィス街・虎ノ門にある神社。拝殿前の銅鳥居は江戸時代末期の建造で青龍、玄武、白虎、朱雀の彫刻が配された古式ゆかしく珍しいもの。拝殿・幣殿は昭和26（1951）年の再建ながら総檜造です。御祭神は偉大な力をもつ神様。豊穣、招福、病気平癒、延命の御利益や善の心を与える力もあるといいます。昔から有名なのが元旦から1月10日まで限定授与の「福銭開運のお守り」です。財宝の表象「福銭」が付いた、このお守りは神職が身を清め、繁栄の祈念を込めて祈祷し、授与されています。家ではお守りの表を下に向け、天井など、下から見上げるようにして拝める場所にお祀りします。

主祭神

大物主神（オオモノヌシノカミ）
崇徳天皇（ストクテンノウ）

縁結びスポットも

境内にある「結神社（むすびじんじゃ）」は、江戸時代から良縁を求める女性たちの信仰を集めてきました。縁結びのお守りと赤い良縁祈願ひもの「良縁祈願セット（800円）」があり、祈願ひもを結び、参拝すると良縁に恵まれる御利益が期待できます

珍しい装飾の鳥居は必見！

銅鳥居は文政4（1821）年に、江戸の町民から奉納された明神型鳥居です。左右の柱上部には青龍、白虎など四神の彫刻が施されています。平成13（2001）年に、港区指定有形文化財建造物に指定されました

DATA

虎ノ門 金刀比羅宮
創建／1660年
本殿様式／権現造
住所／東京都港区虎ノ門1-2-7
交通／東京メトロ銀座線「虎ノ門駅」から徒歩約1分
参拝時間／自由
お守り授与時間／平日 9:00〜17:30、土・日曜・祝日 9:00〜16:00（正月期間、毎月10日は除く）
URL／kotohira.or.jp

このお守りがすごい！

福銭開運のお守り

授与されるのは元旦から10日間のみ！

お札の頭のほうをその年の恵方に向けて、天井などに貼り付け、見上げるようにしてお祀りします。画鋲などでお札を刺して傷つけてはいけません。初穂料1200円

昔から吉凶は方位と密接な関係があるとされ、幸運は歳徳神（としとくじん）（その年の福徳を司る神）のいる恵方からやってくると信じられていました。「福銭開運のお守り」は頭を恵方に向けることで、1年を通して幸運と金運を家に招き入れてくれます

縁結びの聖地でお金とのご縁も祈願

京都

地主神社

【じしゅじんじゃ】

清水寺の境内にあり、縁結びの御利益が有名
良縁だけでなく、金運アップもかなえてくれます

主祭神
オオクニヌシノミコト
大国主命

いつ訪れても境内は大勢の修学旅行生でにぎわっています。神社の建つ地は縄文時代から、信仰の地であったと伝わる聖地です。主祭神のオオクニヌシノミコトは縁結びの神様として知られますが、金運や事業運アップの御利益もあります。仕事やアルバイトなどの収入を増やしてくれるパワーの持ち主でお金との良縁を結んでくれるのです。金運アップの祈願は境内にある「撫で大国さん」の福袋をなでるとよいそうです。お守りはお財布に入れておくとお金が増えるという福銭を授与していただきましょう。恋のご縁も欲しいという人には、「好きな人がいない」「片思い成就祈願」「両思い」「結婚願望」など、さまざまなシーンに対応したお守りが揃っています。

縄文時代からある恋占いの石

本殿前の「恋占いの石」は一方の石から、10mほど離れた場所にあるもう一方の石へ目を閉じて歩き、無事にたどり着けると恋が成就するとされています。この石は科学的な年代測定で縄文時代のものと判明しています

清水寺本堂と神社は一直線にある

地主神社が建つのは清水寺本堂（清水の舞台）を出て左手。神社の本殿・拝殿と清水寺本堂は南北の一直線上に配置されています。そこで清水寺の御本尊に参詣すると、地主神社にも手を合わせていることになります

DATA

地主神社
創建／神代
本殿様式／入母屋・権現造
住所／京都府京都市東山区清水1-317
交通／JR「京都駅」から市バス約15分「五条坂」下車徒歩約10分
参拝時間／9:00～17:00
お守り授与時間／9:00～17:00
URL／www.jishujinja.or.jp

このお守りがすごい！

福銭

知る人ぞ知る！
縁結びの神社の金運お守り

お財布や金庫の中に入れておくとお金が貯まるといわれています。明治時代の実業家で日本初の銀行を起こした渋沢栄一が自身の銀行の金庫に入れておいたというエピソードもあるほど、パワーのあるお守り（500円）です

境内の奥には、丑の刻参り（午前2:00から4:00の間の丑の刻に、憎い相手に見立てた藁人形を釘で木に打ち込む呪術の一種）の釘あとが残る御神木が今も祀られているそうです

商売繁昌の総本宮に伝わる霊験あらたかなお守り

京都

一度は行きたいフォトジェニックで美しい神社は
全国に3万社以上あるお稲荷さんの中心地

伏見稲荷大社
【ふしみいなりたいしゃ】

宇迦之御魂大神（ウカノミタマノオオカミ）

初詣の参拝者数は全国屈指、近畿地方では最多※と日本有数の参拝者を誇ります。外国人にも人気のたくさんの鳥居が連なるフォトジェニックな風景は、訪れる人の目を楽しませてくれます。全国で約3万社を数える稲荷神社の総本宮で、五穀豊穣、商売繁昌、家内安全、諸願成就に御利益があるといわれています。全国にここまで稲荷神社があるのは江戸時代に稲荷信仰が大流行したため。それよりさらに前の平安時代から伏見稲荷の御神木の杉は信仰されていました。授与品の「志るしの杉」は、初午（はつうま）に参詣した人々が、参拝の印として小枝を手折して帰る伝統的な習慣から生まれたもの。初午とは、本来立春後の初めての午の日のことをいいますが、伏見稲荷大社では2月の初めての午の日とされています。

※2008年警察庁発表。

鳥居は1万基以上

鳥居はすべて奉納されたもので、その数なんと1万基以上。千本鳥居の名前で有名ですが、正式な千本鳥居の場所は奥社奉拝所の手前の2列になっているあたりのことを指します

境内のおもかる石で運試し

通称「おもかる石」はぜひお試しを。願いごとをしてから、灯籠の空輪（頭）を持ち上げ、そのときに感じた石の重さが予想より軽ければ願いごとがかない、重ければかなわないそう

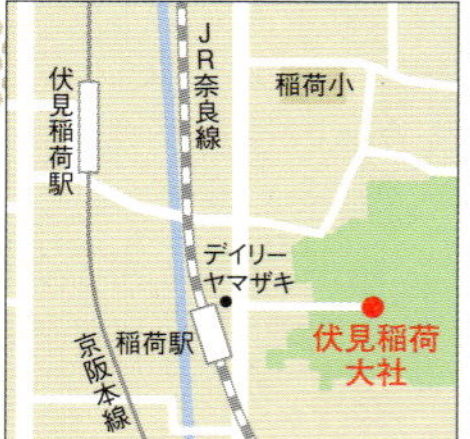

DATA

伏見稲荷大社
創建／西暦711年
本殿様式／打越五間社流造
住所／京都府京都市伏見区深草薮之内町68
交通／JR奈良線「稲荷駅」からすぐ、京阪本線「伏見稲荷駅」から徒歩約5分
参拝時間／閉門なし
お守り授与時間／7:00〜18:00
URL／inari.jp

このお守りがすごい！

金体守　志るしの杉

数多くある授与品のなかでも
特に頂きたい伝統のお守り

諸願成就の神として信仰されてきた伏見稲荷大社で頂きたいお守りは古くから伝わるこちら。金運に御利益のある「金体守」（500円）と古くから信仰の対象であった「志るしの杉」（800円）は、知る人ぞ知るお守りです

旧称は稲荷神社。この名称だと、ほかの稲荷神社と混同してしまうため、戦後、伏見稲荷大社と改称しました。山全体が神域なので、時間があればぜひゆっくりと散策を。参拝者が多いので、鳥居の写真を撮るとき、人を入れずに撮るのは意外に難しいです

金運アップを願うなら、大阪の「えべっさん」で！

金運

大阪

今宮戎神社【いまみやえびすじんじゃ】

「念押し参り」でがっちり祈願！
福徳円満でにこにこ"えびす顔"になろう

もともと漁業の守り神である戎さまこと「えべっさん」は、古くから海産物などを扱う大阪の市場に祀られてきました。今日では、福徳を授け、商業の繁栄を願う神様として厚く信仰されています。少し耳が遠いと伝わる「えべっさん」。金運アップを「えべっさん」にしっかり願うなら、ぜひ「念押し参り」を。本殿の正面からお参りを済ませたあと、裏に回って銅鑼をたたき、その場でもう一度お祈りします。こうすることで戎さまにいちばん近い場所から、願いがしっかりと届きます。また、参道には名物「開運団子」や甘酒屋が並び、受験合格にも御利益が期待できます。この神社で、なんといっても有名なのが十日戎のお祭り。1月9～11日に、100万人もの参詣者が訪れます。

十日戎で金運最強に

「商売繁昌、笹もってこい」のお囃子が響く十日戎。このお祭りを象徴するのが「十日戎の笹」と、鯛や打出の小槌などの小宝こと「吉兆」。笹を持った人が境内を埋め尽くす光景は必見。気に入った吉兆を福笹に付けて帰りましょう

"今宮戎 えべっさん 福娘 2013 21"

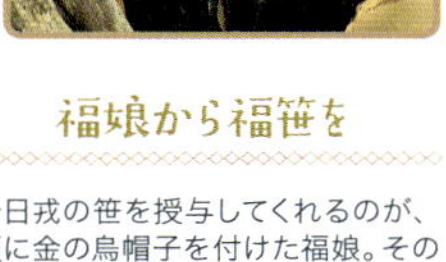

福娘から福笹を

十日戎の笹を授与してくれるのが、頭に金の烏帽子を付けた福娘。その福娘の選考は毎年一大イベントで、大阪商工会議所で発表会が開催されるほど。一説には「関西の女子アナの登竜門」ともいわれ、福娘になると就職や縁談に恵まれるとか

DATA

今宮戎神社

創建／西暦600年　本殿様式／流造
住所／大阪府大阪市浪速区恵美須西1-6-10　交通／南海高野線「今宮戎駅」から徒歩約1分、地下鉄御堂筋線「大国町駅」・地下鉄堺筋線「恵美須町駅」から徒歩約5分
参拝時間／6:00～17:00
(祭礼時は異なる)
お守り授与時間／9:00～17:00
(祭礼時は異なる)
URL／imamiya-ebisu.jp

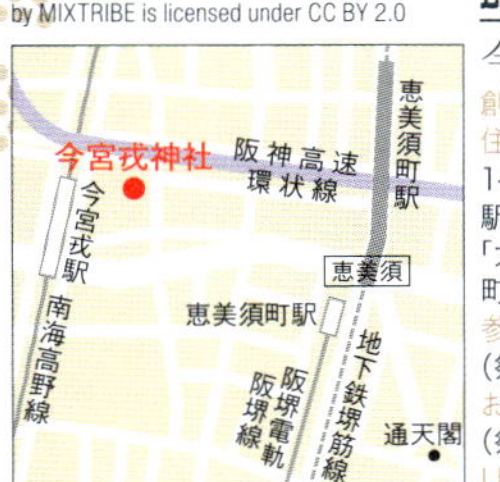

このお守りがすごい！

福銭

福笹に付ける福銭が あなたに福を運んでくれる

福笹に付ける吉兆のひとつ「福銭」は、変わったものからできています。それは、なんとお札。日本銀行が回収した傷んだ紙幣を断裁、再利用したもので、福銭1枚に、お札を何十枚も使うということから、福をたくさん呼んでくれるといわれています（茶・緑 各1500円）

吉兆は、「十日戎のうりものは、はぜ袋に取鉢、銭かます、小判に金箱、立烏帽子、米箱、小槌、たばね熨斗、笹をかたげて千鳥足」と江戸時代から歌われていました。鯛、大福帳、金の俵や大判小判などが並ぶので、願いに合った吉兆を手に入れ、御神徳を頂きましょう

大事な方向は右！　えびす様の優しい魂と力強い魂に触れる両参りで、事業や商売を確実に成功させる

兵庫

西宮神社

【にしのみやじんじゃ】

西宮神社は商売の神様・えびす様をお祀りする神社の総本社です。特に1月10日の前後1日を含む3日間のお祭り・十日えびすには毎年100万人も訪れ、「福男選び」はテレビのニュースでもおなじみです。本殿は三連春日造といい、奈良の春日大社に代表される春日造が3殿連なった珍しい構造。えびす様は3殿のうち向かって右の社殿に祀られており、商売繁昌をお願いするときは正面ではなく、少し右に向かってお参りするとよいといわれています。本殿のえびす様をお参りしたら、境内にある、健康・勝負の神様をお祀りしている沖恵美酒神社（通称あらえびす神社）も回り、両方をお参りすると大吉。頂いたお札は自宅、お店、会社の神棚や壁に貼ってお参りします。

主祭神

蛭子大神（エビスオオカミ）

両参りで運気アップ

沖恵美酒神社は本殿のえびす様の優しく平和的な魂・和魂（にぎみたま）に対し、荒々しく力強い御魂・荒魂（あらみたま）をお祀りしています。健康・勝負の神様として信仰され、両方をお参りする両参りでさらなるご加護が得られます

境内の茶屋でひと休み

境内・神池の横にたたずむ「おかめ茶屋」。店内では名物の甘酒をはじめ、みたらし団子の「満足だんご」や「ちびたいやき」などの甘味のほか、十日えびすの縁起物の福熊手や福箕なども頂けます

DATA

西宮神社

創建／不明
本殿様式／三連春日造
住所／兵庫県西宮市社家町1-17
交通／阪神本線「西宮駅」から徒歩約5分
参拝時間／5:00～18:00（春夏は～19:00）
お守り授与時間／9:00～17:00
URL／nishinomiya-ebisu.com

このお守りがすごい！

御神影

大國主大神御神影札：左　西宮大神御神影札：右

えびす様の絵柄に思わずほっこり
魂を整え、商売繁昌を招くお札

ぜひ頂きたい授与品は西宮神社特有のお札（各500円）で「御神影（おみえ）」といいます。お札を貼るとき、神棚がある場合は棚の板からつり下げて貼るとよいとされます。右側をえびす様、左側を大國様にします

⛩ 昔から起業家や経営者が篤く信仰する西宮神社。神社の南東側一帯から湧出する水は、酒造りに最適な水で宮水と呼ばれています。日本随一の酒どころ・灘を支えるおいしい水です

奈良

大峯本宮 天河大辨財天社

【おおみねほんぐう てんかわだいべんざいてんしゃ】

主祭神の弁財天は「財を弁じる」神様ともされ財宝の大神として信仰されるようになりました

主祭神のイチキシマヒメノミコトは弁財天とも呼ばれる女神です。弁財天は芸能、芸術、音楽の神様として知られますが、同時に財運の神様としても信仰されています。拝殿で参拝の際、柏手の前に鳴らす鈴ですが、とても不思議な形をしています。3つの鈴が連なったような形は、古来伝わる五十鈴という神器をかたどっているのです。鈴から下がる鈴の緒を振るときには円を描くように回すのがコツ。お守りもこの五十鈴をモチーフにしています。3つの鈴は魂の状態を表し、鈴の音の響きにより、心身が清められ、魂が調和し、活力が湧くとされます。お守りを身に付けることで生命力やエネルギーが満ち、芸能や金運のアップにもつながるというわけです。

市杵島姫命（イチキシマヒメノミコト）

おみくじを引いてみよう

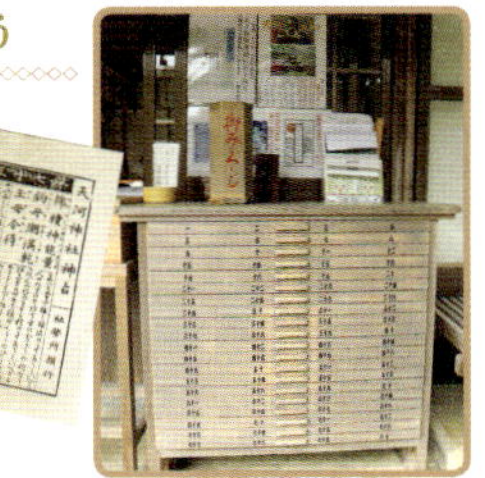

「古代言霊御託宣」は古いスタイルのおみくじです。吉凶よりも漢字の部分を読んだり、下の解説に着目すると開運につながります。内容がわからない場合は神職の方に質問してみましょう

珍しい建築様式の拝殿へ

拝殿へ向かうには階段を上ります。階段の途中に「天石」が祀られており、宇宙から降ってきた隕石という説があるそう。拝殿の向かいに神楽殿があり、芸能の神様をお祀りする神社ならではの建築様式です

DATA

大峯本宮
天河大辨財天社

創建／白鳳時代
本殿様式／流造
住所／奈良県吉野郡天川村坪内107
交通／近鉄吉野線「下市口駅」からバス約60分「天河大弁財天社」下車約1分
参拝時間／6：30～17：00
お守り授与時間／7：00～17：00
URL／tenkawa-jinja.or.jp

このお守りがすごい！

五十鈴守り（根付タイプ）

心身を清め、魂が調和し、活力が湧く御神宝の形

3つの球形は「いくむすび」「たるむすび」「たまずめむすび」という3つの魂を表しています（初穂料2500円）。ほかに金や銀の五十鈴守りもあります。また芸事上達に御利益がある諸芸上達守は、芸能人やアーティストに人気があるそうです

天河大辨財天社は芸能人の間でその御利益がクチコミで広まり、多くの人がお忍びで訪れるとか。神社から車で約40分の登山口から、徒歩約3時間の場所にある奥宮「弥山（みせん）神社」は、天河大辨財天社と同様、大峯奥駈道（おおみねおくがけみち）の靡のひとつ。こちらはUFOを目撃したという人がたくさんいるそう

人生を変えたいあなたにおすすめ！
日本有数の金運神社で新たなスタートを

和歌山

熊野本宮大社

【くまのほんぐうたいしゃ】

平成30年に御創建2050年を迎え、「金運アップならこの神社」といわれる熊野本宮大社。お金そのものを増やすというより、事業がうまくいき、結果として収入が増える……そんなイメージの神社で、中津川さん自身も新規事業スタートのときは参拝するそう。パワーを頂くにはお参りの順番が大切。まず熊野本宮大社から回りましょう。上四社といい4つの御社殿が横に並んでいるので、右から2番目の証誠殿（しょうせいでん）から左にお参りし、最後にいちばん右の東御前という順序で参拝します。左端にひっそりたたずむ八百萬の神・満山社も忘れずに。本殿から旧社地・大斎原までは、国道を渡り徒歩10分ほど。途中、伊邪那美命（イザナミノミコト）の荒御魂がお祀りされている産田社にもお参りを。新たなものを生み出すパワーを頂けます。

主祭神

家都美御子大神（ケツミコノオオカミ）
素戔嗚尊（スサノオノミコト）

身を清めて参拝を

大鳥居をくぐると奉納幟が立ち並ぶ158段の石段の参道があります。入って少し上ると左にある祓戸大神をお参りして、身を祓い清めましょう。その先にある手水舎では、手と口を清めましょう

強力なパワスポ・大斎原（おおゆのはら）

明治の大洪水で流されるまで社殿があった大斎原には、日本一の高さを誇る漆黒の大鳥居があります。その中心地にある小さな祠は神様が降臨したパワースポットといわれています。忘れずに参拝しましょう

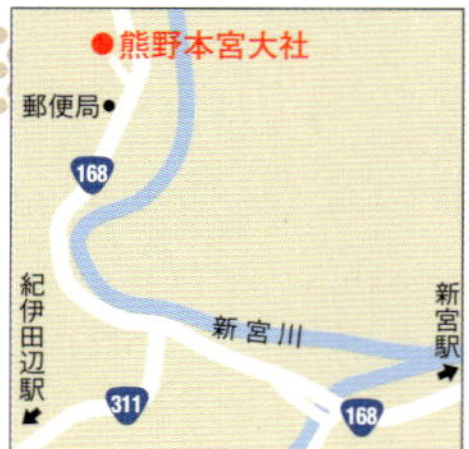

熊野本宮大社
郵便局
168
紀伊田辺駅
新宮川
新宮駅
311
168

DATA

熊野本宮大社
創建／第10代崇神天皇65年
本殿様式／熊野造
住所／和歌山県田辺市本宮町本宮1110
交通／JR「新宮駅」から奈良交通バス約1時間20分「本宮大社前」下車
参拝時間／6:00～19:00
お守り授与時間／8:00～17:00
URL／hongutaisha.jp

このお守りがすごい！

牛王神符（ごおうしんぷ）

さまざまな災難を除ける
カラスで作られた文字のお札

熊野で神の使いとして大切にされているカラスが描かれた「熊野牛王符」は強力なパワーがあります。火難、盗難、災難、病気など、あらゆる災難から免れるお札として信仰されています。ふたつのサイズがあり、大2000円・小500円

世界遺産に登録されている熊野三山は「よみがえりの地」ともいわれ、多くの人々が参拝してきました。新しいことを始める人、再出発したい人におすすめの神社です。不要な感情、過去の悪いことを捨て、新たなスタートを切りましょう

フクロウが金運不苦労を約束

栃木

鷲子山上神社

【とりのこさんしょうじんじゃ】

主祭神
アメノヒイワシノミコト
天日鷲命

御祭神のお使いがフクロウ。「不苦労」「福老」という字が当てられ開運・招福の象徴とされます。金運アップの御利益が有名で、宝くじ高額当選者のお礼が多数寄せられています。巨大なフクロウ像や九星フクロウ像、金運上昇祈願文を投函できるフクロウポストなど、境内には金運がアップするフクロウスポットがいっぱい！

このお守りがすごい！

福ふくろう四神守(右)
福ふくろう金運錦守(左)

フクロウパワーで大開運

お給料や時給が上がった、営業成績が上がった等々、金運アップで幸せになれるパワーや運気上昇の祈願が込められたお守り(各1000円)。宝くじを入れ高額当選を祈願するお財布タイプの「宝くじ袋守」(1300円)もあります

DATA

鷲子山上神社
創建／807年（大同2年）
本殿様式／流造
住所／栃木県那須郡那珂川町矢又1948
交通／JR烏山線「烏山駅」からタクシーで約20分
参拝時間／9：00〜16：30
お守り授与時間／9：00〜16：00
URL／www.torinokosan.com

悩みをたたき、福を招く

日本一の大フクロウ像は地上7m。像の下に入ると金運不苦労御柱があります。これを備え付けの棒でたたき、苦労や悩みをたたき出し、金運アップや招福を願います。厄除け・災難除けを願う四神の御柱も

その名もズバリ銭神様をお祀り

埼玉

秩父 聖神社

【ちちぶ ひじりじんじゃ】

主祭神
カナヤマヒコノミコト
金山彦命
（銭神様）

日本最古の流通貨幣「和同開珎」を鋳造した銅が初めて発見された地に建ちます。そこで銭神様とされ、縁起がよいといわれるのです。神宝に奈良時代、元明天皇から贈られたムカデ像がありま す。お金のことを「お足」といいますが、ムカデは足が多いため、銭神様のお使いとされるのです。ムカデが描かれた招財のお守りがあります。

このお守りがすごい！

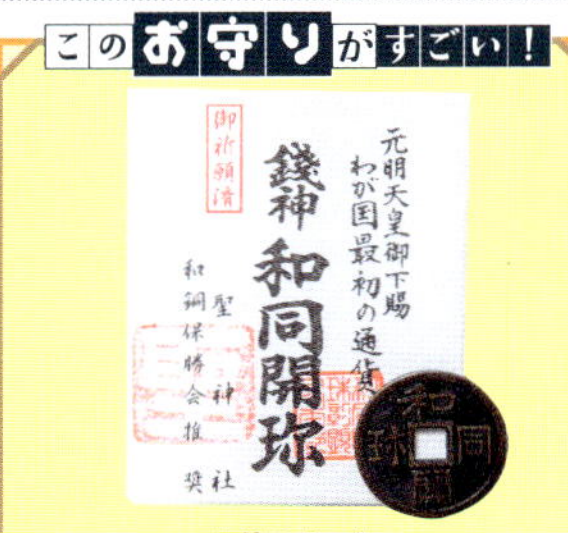

銭神守

お金が十分足りるようになる福銭を身に付けて

「和同開珎」のレプリカのお守り(500円)です。裏には銭神様のお使い・ムカデの雌雄がデザインされています。これをお財布に入れておきます。本殿横の掲示板には宝くじ100万円当選、ロト6当選などのお礼の報告が貼られています

DATA

秩父 聖神社
創建／伝708年
本殿様式／一間社流造
住所／埼玉県秩父市黒谷2191
交通／秩父鉄道「和銅黒谷駅」から徒歩約5分
参拝時間／8：00〜18：00頃
お守り授与時間／9：00〜17：00頃

日本最古の通貨が生まれた地へ

神社から15分ほど歩くと「和同開珎」を鋳造した銅を掘った跡が「和同採掘遺跡」として保存され、高さ5mものモニュメントが立っています。脇を流れる小川は銅洗堀といわれ、ここで銅を洗ったそうです

和同開珎は四角い穴のあいた丸い銭です。丸は天を表し、四角は地を表します。また中国に「天地和同」という言葉があります。みんなが仲よく暮らしているよい国という意味を込めて、作られたそうです

福財をかきこむ熊手のお守り

東京

鷲神社【おおとりじんじゃ】

主祭神
アメノヒイワシミコト 天日鷲命
ヤマトタケルノミコト 日本武尊

鷲神社の例大祭が11月に行われる酉の市。ヤマトタケルノミコトが戦の帰路、社前に武具である熊手をかけて戦勝のお礼参りをしたという故事が起源です。酉の市はその年の無事を神様に感謝し、来る年の開運、商売繁昌を願うお祭りで、境内の出店では縁起物の熊手が売られます。お祭りは午前0時から24時まで、丸一日行われています。

このお守りがすごい!

熊手御守

熊手で運気を鷲づかみ

熊手店の熊手ではなく、神社の授与所で出されているのがこちら。シンプルですが、お札も付いています。マスコット付きもありますが、金運には金箔付きを。開運・商売繁昌のお守りとして酉の市の日だけに授与されます。1000円

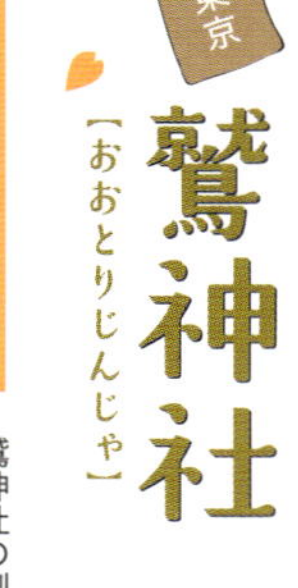

なでおかめでさらに開運

境内の「なでおかめ」は、なでる場所により、さまざまな御利益があると江戸時代から伝わります。商売繁昌・金運上昇は鼻、右の頬は恋愛成就、左は健康、口は除災、おでこは頭脳明晰などです。混雑時には出ていないこともあります

DATA

鷲神社
創建／不明
本殿様式／権現造
住所／東京都台東区千束3-18-7
交通／東京メトロ日比谷線「入谷駅」から徒歩約7分
参拝時間／9：00～17：00
お守り授与時間／9：00～17：00
URL／otorisama.or.jp

強運と銭洗いの井で財を招く

東京

小網神社【こあみじんじゃ】

主祭神
ウガミタマノカミ 倉稲魂神

戦火に遭っても焼失を免れたことから、強運厄除けの神様として知られています。御祭神はお稲荷様と弁財天。商売繁昌・招財の最強パワーの持ち主です。境内には銭洗いの井戸があり、小銭を洗い、お財布に戻すと金運アップにつながることから、「東京銭洗い弁天」とも呼ばれます。おすすめは運を引き寄せる強運厄除けのお守り。

このお守りがすごい!

強運厄除　龍御守

兵士の全員帰還を守った強運お守り

社殿に彫刻されている「昇り龍」と「降り龍」が刺繍されています。この龍は災難を除け、運を招く龍。もちろん、金運も招いてくれます(1000円)。第2次世界大戦の際、小網神社のお守りを受けた兵士は全員生還したそう

日本橋に唯一残る木造檜造の建築

社殿は日本橋地区で残っている唯一の木造檜造。本殿には「養老の瀧」、向拝には「昇り龍」と「降り龍」の見事な彫刻が施されています。金融関係者の参拝が多く、境内には徳を授ける福禄寿も祀られています

DATA

小網神社
創建／1466年（文正元年）
本殿様式／神明造
住所／東京都中央区日本橋小網町16-23　交通／東京メトロ日比谷線「人形町駅」から徒歩約5分、都営浅草線「人形町駅」から徒歩約7分
参拝時間／自由
お守り授与時間／9：00～18：00
URL／koamijinja.or.jp

鷲神社の酉の市は11月の酉の日に商売繁昌を願って行われるお祭り。酉の日は12日に1回まわってくるため、2回もしくは3回あります。酉は、方位では西、季節では秋を表し、実が熟した状態、収穫を意味することから、金運や商売繁昌の御利益を求め、多くの参拝者が訪れます

金運

祭神は日本橋七福神の恵比寿様

東京

宝田恵比寿神社【たからだえびすじんじゃ】

主祭神
事代主命（コトシロヌシノミコト）　少彦名命（スクナヒコナノミコト）
大國主命（オオクニヌシノミコト）　大己貴命（オオナムチノミコト）
素盞嗚命（スサノオノミコト）　宇迦之御魂神（ウカノミタマノオンカミ）

徳川家康が大江戸繁栄を祈願して、運慶作の恵比寿像を寄進。以来、商売繁昌・家族繁栄の守護神として信仰されています。境内がにぎわうのは10月19日、20日の大祭です。「恵比寿講べったら市」として知られ、この日は大根を麹に漬けた漬物「べったら漬」の露店が並び、にぎわいます。お守りは大祭の2日間と初詣期間に頒布します。

このお守りがすごい！

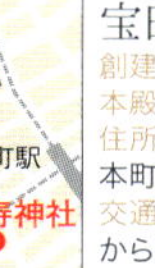

宝小判

期間限定で頂ける小判

財を招くお守り（500円）です。10月19日・20日、12月31日～1月7日のみ頒布。この期間以外の神社は無人で、お守りも御朱印もこの日以外は頂けません。余談ですが、御朱印にはタイを持った恵比寿様の印が押されます

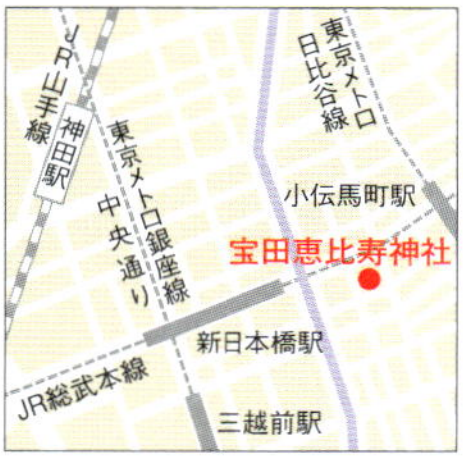

大にぎわいのべったら市

ビルとビルの間にひっそりたたずむ宝田恵比寿神社は、周辺の老舗商家や住人の氏子さんたちが大切にお守りしています。大祭の期間は境内に1500もの奉納提灯がともり、500以上の露店が並んで、参拝客で大変なにぎわいを見せます

DATA

宝田恵比寿神社
創建／慶長11年（1606年）以前
本殿様式／大社造
住所／東京都中央区日本橋本町3-10-11
交通／東京メトロ「小伝馬町駅」から徒歩約3分
参拝時間／自由
お守り授与時間／9:00～17:00
URL／nihonbashi-edoya.co.jp/bettara2.html

長寿とお金にご縁が深い神様

鳥取

宇倍神社【うべじんじゃ】

主祭神
武内宿禰命（タケノウチスクネノミコト）

お守りは明治32（1899）年、全国の神社で初めて社殿と御祭神が五円札のデザインに採用されたことに由来します。お札の肖像画は360余歳まで生きたという長寿の御祭神。以来、お金にご縁があり、商売繁昌の神様として全国から参拝者が訪れるようになりました。現在の社殿は檜皮葺（ひわだぶき）、明治31（1898）年の再建です。

このお守りがすごい！

御縁守

数字まで縁起のよいお札のお守り

明治時代に発行された五円紙幣のデザインをほぼそのまま利用したカードサイズのお守り（500円）です。紙幣番号は2945151（福よ来い来い）と4081840（商売繁昌）で縁起を担いでいます。御祭神にゆかりのある亀が配されています

神社の原点でもある石

本殿背後、亀金岡と呼ばれる丘に双履石（そうりせき）というふたつの霊石があります。御祭神が360余歳で天寿を全うし、昇天する際、脱ぎ捨てた靴が石になったと伝わる御祭神終焉の地です。地下からは竪穴式石室が発掘されています

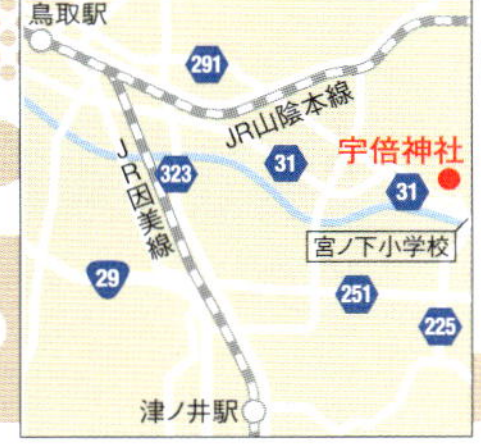

DATA

宇倍神社
創建／648年
本殿様式／三間社流造
住所／鳥取県鳥取市国府町宮下651
交通／JR「鳥取駅」から日の丸自動車バス約15分「宮ノ下」下車徒歩約1分
参拝時間／自由
お守り授与時間／9:00～17:00
URL／ubejinja.or.jp

宝田恵比寿神社のべったら市はとても混雑するので神社の場所がわからなくなってしまうほど。赤くて大きい提灯が神社の前に掲げられますので、そちらを目印に進みましょう。露店では、べったら漬だけでなく、紙オムツ、医療用ゴム手袋、タオル、歯ブラシなど近隣の企業の商品も格安で販売されます

お守り Column 神社

自宅で神様を身近に感じられる

神棚を祀ろう

神社から頂いたお札をどのようにお祀りしていますか？　神様の霊力が込められた大切なお札。神棚を設けてきちんとお祀りしましょう。また、住まいに神棚があると神様が身近に感じられ、守護されているという実感やパワーが頂けるでしょう。

神棚とは

家庭でお札を祀るために誕生したのが神棚です。江戸時代になり、伊勢神宮への参拝が庶民に広まると伊勢神宮の神札を祀るための神棚も普及していきました。

神棚には一般的に神宮大麻（天照大御神のお札）、氏神様、崇敬神社（P.104）の神札を祀り、朝夕に参拝します。神札は神様そのもの。祀ることで神様に守護していただけます。

神棚は毎年新しくする必要はありませんが、20年くらいを目安に新しくすることをおすすめします。特に転居やリフォームなどのタイミングで新しくするのもおすすめです。古い神棚は、ゴミとして廃棄するのではなく、お札同様に神社でお焚き上げをしてもらいます。

正式には神棚を設置したら、神職を招きお祓いを受けます。その際、初穂料が必要です。神社のなかには、すでにお祓いをした神棚を頒布しているところもありますので、こちらを代わりに設置するのもよいでしょう。

祀り方

神棚を祀る際に気になるのが、場所と方位です。まず清浄で明るい場所を選びます。部屋の入口をはじめ、人がよく通る場所、エアコンの下は避けましょう。家族が集まり、礼拝しやすいリビングなどがよく、向きは部屋の北側を背にして南向き、あるいは西側を背にして東向きにします。マンションなど上階が気になる部屋では神棚の上の天井に「雲」と書いた紙を貼るのもいいでしょう。

神札は、新年を迎える前に、氏神様に行き、「天照皇大神宮」のお札とその神社のお札を頂きます。新年のお札は一般的に12月1日以降に授与され、神棚を清掃し新しいお札に替えるのは12月29日、31日は避け、できれば12月28日までに行います。

どのような神棚がいい？

神棚は神具専門店、ホームセンター、ネット通販などで購入できます。神社で頒布されている場合もあります。その形は、三社造、一社造、五社造、七社造など多種多様。本格的なものから、簡単に設置できる壁掛けタイプやスタイリッシュなデザインのものまで、さまざまです。どれを選ぶかは住宅事情や自分の趣味で、最適と思われるものを選んでかまいません。徐々に大きくしていくとよいともいわれています。壁掛けタイプの神棚でなければ、しめ縄、榊、お供えも用意しましょう。

第三章

「御利益別！」

開運神社のすごいお守り

～美容・健康運～

すべての基本は心身の健康から。
さらに美しさも加われば、言うことなし。
美容と健康に御利益のある神社のお守りを頂きましょう

病魔退散の病厄除祈願は全国唯一

心身の病気や災いを除く「病厄除祈願」の神様
江戸時代、疫病から人々を救った歴史があります

青森

廣田神社【ひろたじんじゃ】

廣田神社の名を有名にしたのは天明４（１７８４）年、大飢饉のときでした。飢饉が原因の餓死者や疫病の流行など東北地方の惨状を知った江戸幕府は白木の箱に疫病・厄除けのお札や魔を破る弓矢を納め、廣田神社に送り、病気・厄除けの祈願をするように命じました。すると疫病は収まり、飢饉からも脱したのです。以来、あらゆる災難・厄・病を除いてくれる「病厄除の守護神」として信仰を集めるようになりました。この箱入りの神札を模した「白木造り病厄除け御神札」を授与していただけます。各種お守りがありますが、ユニークなのは「お守り袋デザイナーズ」。さまざまなデザインのお守り袋から好みを選び、祈願別の御神符を別途頂いて、なかに納めます。

主祭神

天照大御神荒御魂（アマテラスオオミカミアラミタマ）

厄を祓う珍しい注連縄

本殿正面に下がるのは暖簾（のれん）のような「じゃんばら注連縄」。「邪を祓う」が転じて「じゃんばら」になったとされますが全国でも珍しい形です。この下をくぐると邪を祓うだけでなく、夫婦和合の御利益もあります

八大龍神宮の黒池

境内の廣田苑には「龍神の瀧」、「護神の瀧」と名づけられたふたつの滝が神池に落ちています。古くからこの神池の地下水は黒く、その色から、廣田の龍神様に行けば、悩みを吸い取ってもらえるといわれています

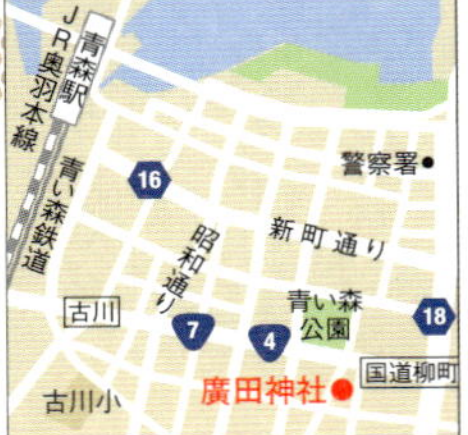

DATA

廣田神社

創建／長徳年間（西暦996年）
本殿様式／神明造
住所／青森県青森市長島2-13-5
交通／JR「青森駅」から徒歩約15分またはJR「新青森駅」から車約20分
参拝時間／自由
お守り授与時間／8：30～17：00
URL／hirotajinja.or.jp

このお守りがすごい！

白木造り病厄除け御神札

お守り袋デザイナーズ

あらゆる厄災を祓いのける全国でここだけの授与品

神社によると、「お守り袋デザイナーズ」はお守りをより大切に親しんで持ってもらうために考案したとか。裏は月の満ち欠けで、表に返すと満願成就の満月になるデザインが好評です。この袋（500円）の中に別途頒布されている御神符（500円）を入れます。「白木造り病厄除け御神札」は1万円～

青森県内有数の大鳥居に掲げられた社号額は、当時の内閣総理大臣・大平正芳による揮毫。クリスチャンの大平氏が神社に奉納されるのは珍しいとか。また境内に鎮座する五社をすべてお参りするのが正式な作法で、その五社参りを20日間続けることで百度参りとなり、大願成就するといわれています

江戸の総鎮守・明神様にビューティ祈願

美容・健康運

東京

神田神社【かんだじんじゃ】

神田明神と呼ばれ江戸時代から親しまれてきた神田、日本橋、秋葉原、大手町など都心の氏神様

江戸時代には総鎮守として将軍家から庶民にいたるまで、篤い信仰が寄せられていました。現在は大手町や丸の内など108町が氏子で、ビジネスマンの参拝姿も多く見られます。神田祭は2年に1度行われる、江戸三大祭りのひとつ。江戸時代には山車を引いて江戸城内に入ることが許された特別な祭りでした。御祭神の少彦名命は医薬・医療の神様でもあり、健康を守ってくれるパワーの持ち主です。心身ともに健康的な「きれい」をお願いしましょう。「美守」のほかに秋葉原が近いことから、アニメの絵馬やIT関連のお守りなどユニークなお守りもあります。アキバ系アイドルのお参りも多いそうです。

主祭神

大己貴命（オオナムチノミコト）　少彦名命（スクナヒコナノミコト）
平将門命（タイラノマサカドノミコト）

参拝者に人気の神馬

境内には神馬がいます。神馬とは神様が乗る馬のこと。平成22（2010）年、信州佐久高原生まれの牝のポニーで「神幸（みゆき）号」。愛称は神田明神の「明」の文字をとって「あかり」ちゃん。秋葉原の町を闊歩することも

開運招福の大国様

手水舎の右手には巨大な大国様がいらっしゃいます。昭和51（1976）年に完成したもので高さ6.6m、重さ約30t。石造りの大国様像としては日本一です。1月中旬にだいこく祭りが開催され、さまざまな景品が当たる抽選会があります

DATA

神田神社
創建／730年
本殿様式／権現造、鉄骨鉄筋コンクリート造
住所／東京都千代田区外神田2-16-2
交通／東京メトロ丸ノ内線・JR中央線「御茶ノ水駅」から徒歩約5分
参拝時間／自由
お守り授与時間／9:00～16:30
URL／kandamyoujin.or.jp

このお守りがすごい！

美守

アイドルのような美しいスタイルに！

お守り袋にくびれがついているのはスタイリッシュな美人になれるようにとの願いが込められています。ウサギのイラストはオオクニヌシノミコトが神話「因幡の白ウサギ」で白ウサギを助けたことにちなんだものです（初穂料800円）

関ヶ原の戦いで徳川家康公が戦勝祈願をして勝利したことにちなんだお守りやパソコンなどを守るIT情報安全守護のカードタイプのお守りなど、約60種のお守りを授与しています

気高く尊い美人三女神が健康をサポート

御祭神の宗像三女神はあらゆる道の最高神として絶大な力をもつと古代から信仰を集めてきました

福岡

宗像大社

【むなかたたいしゃ】

御祭神の宗像三女神は別名を「道主貴」と書き、ミチヌシノムチと読みます。この名は、あらゆる「道」を導く最高神を表しています。それほど三女神の力は絶大なのです。道の神様といえば交通安全守護が思い浮かびますが、それだけではありません。芸能道の上達も、壮健で美しくありたいという願いもかなえてくれます。お守りは境内入口の授与所で頂けます。自動車専用のお守りを最初に頒布したのは宗像大社。今も当時と同じデザインの交通安全のお守りがあります。健康を願うなら神紋の楢(なら)が刺繍された「壮健守」を。三女神の一柱を祀る沖津宮は玄界灘の沖ノ島にあり、島には貴重な古代祭祀遺跡が残り、世界遺産に登録されています。

主祭神

田心姫神(タゴリヒメノカミ)(沖津宮)
湍津姫神(タギツヒメノカミ)(中津宮)
市杵島姫神(イチキシマヒメノカミ)(辺津宮)

古代からのパワースポット

本殿右手から境内を出て石段を登ると宗像三女神降臨の地と伝わる高宮祭場があります。古代の祈りの原形を今に伝える祭場遺跡でパワースポットとしても有名です。秋の夜には高宮神奈備祭が行われます

貴重な神宝や古文書を展示

沖ノ島は昭和29(1954)年から学術調査が行われ、約8万点の神宝が出土し、すべてが国宝に指定されています。境内にある神宝館では金製指輪や三角縁神獣鏡などの神宝や古文書を展示しています

DATA

宗像大社
創建/神代
本殿様式/五間社流造
住所/福岡県宗像市田島2331
交通/JR鹿児島本線「東郷駅」からバス約10分「宗像大社前」下車徒歩約12分
参拝時間/6:00~17:00
お守り授与時間/7:00~17:00
URL/munakata-taisha.or.jp

このお守りがすごい!

壮健守

宗像大社にみなぎるエネルギーを受け継ぐお守り

「壮健守」(1000円)の袋に刺繍されているのは神紋の楢です。この紋は歴代宗像大宮司家の家紋でもあります。境内には楢の御神木があり、樹齢約550年。今も緑の葉を枝に茂らせる御神木にあやかって健康で長寿を願いたいものです。御神徳の有名な交通安全守(大:3000円、小:1000円)も

「海の正倉院」といわれる沖ノ島。古代の祭祀の宝物があり世界遺産に登録されました。一般の人は島に入れません。湍津姫神は大島の中津宮に祀られ、フェリーで行けます。市杵島姫神の辺津宮は九州本土の本殿に祀られています。第二宮・第三宮には、田心姫神と湍津姫神の御分霊が祀られ、宗像三神すべてを参拝できます

湖の女神がきれいをサポート

赤城神社【あかぎじんじゃ】

赤城山頂上の大沼湖に浮かぶ小鳥ヶ島に立つ神社。御祭神は山と湖の神「赤城大明神」です。湖の神は赤城姫という麗しいお姫様。心身の健康や美貌など女性の願いなら、何でもかなえてくれるそうです。また子宝をお願いすると美人の子どもが授かるとされます。女性の願いを成就へ導いてくれる華麗なお守りが揃います。

アカギダイミョウジン
赤城大明神

このお守りがすごい!

人生に寄り添う美しい意匠のお守り

女性を守る「姫守り」や願いがかなうよう特別な祈願が込められたとても華麗なお守りです（初穂料は「姫守り」1000円、「願い叶う守り」600円）。ほかに美男、美女が授かる「安産美人祈願」、心身健やかな子どもの成長を願う「子育守」なども

神域への架け橋は絶景

小鳥ヶ島が浮かぶ大沼湖は標高1345mに位置する湖。本殿には、鮮やかな朱色の神橋「啄木鳥橋」を渡ってお参りします。境内からは赤城山の外輪山を見渡すことができ、秋には紅葉のすばらしい景色が楽しめます

大沼湖
251
157
赤城神社
赤城白樺牧場
70
4
↓前橋駅、赤城IC

DATA

赤城神社
創建／不詳　本殿様式／権現造
住所／群馬県前橋市富士見町赤城山 4-2
交通／JR「前橋駅」から関越交通バス約1時間「赤城広場」下車徒歩約10分
参拝時間／日の出～日没
お守り授与時間／4～11月 9:00～17:00、12～3月 9:30～16:30
URL／akagijinja.jp

水を与え、命をつなぐ神

白山比咩神社【しらやまひめじんじゃ】

御神体の白山は生命に必要な水を与えてくれ、命をつなぐ親神様として信仰されてきました。まさに生きるために心身の健康を支えてくれる神様なのです。御祭神は物事をうまくまとめてくれる力を持った神様、「縁結びの神」「和合の神」としても信仰されています。病魔や災難から心身を守ってくれる「護身刀守」があります。

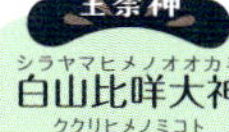

シラヤマヒメノオオカミ
白山比咩大神
ククリヒメノミコト
菊理媛尊

このお守りがすごい!

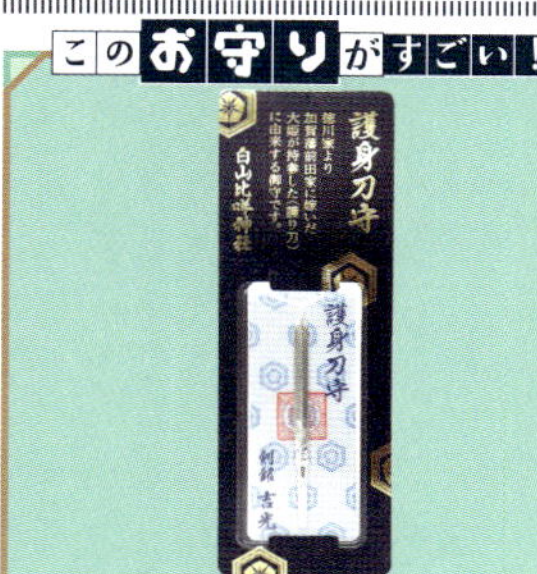

護身刀守

身の危険から守る刀

徳川家光の養女・阿智子が前田家に嫁いだ際に持参した国宝「剣 吉光」を模したお守り（1000円）。「吉光」は阿智子の没後、奉納され、国宝となっています。刀には神霊が宿り、災難や危険から身を守ってくれるとされます

四季折々の風景が美しい

大きな石造の鳥居から本殿へ延びる表参道は約250m。参道のなかほどには琵琶滝がかかり、手取川に清流を注ぎます。道の両脇には杉の古木や紅葉が茂り、初夏の新緑、秋の紅葉は見事な風景を見せてくれます

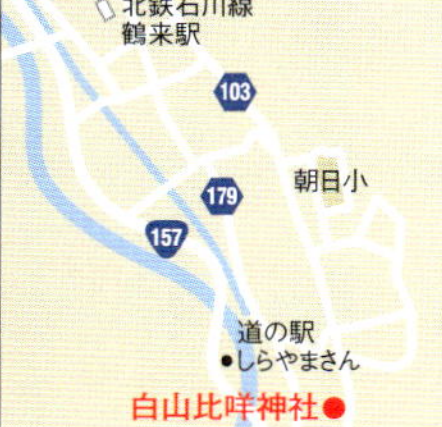

DATA

白山比咩神社
創建／紀元前91年
本殿様式／流造
住所／石川県白山市三宮町ニ105-1
交通／北陸鉄道石川線「鶴来駅」から加賀白山バス約5分「一の宮」バス停下車徒歩約10分
参拝時間／9:00～17:00
お守り授与時間／9:00～17:00
URL／shirayama.or.jp

⛩ 神様にお願いし、願いがかなったらお礼参りをしましょう。感謝のしるしに日本酒（一升瓶など）を神社に奉納するのもよいでしょう。日頃より神様に感謝していると、願いがかないやすくなりますよ

京都のお伊勢さんに健康祈願

京都

京都大神宮【きょうとだいじんぐう】

主祭神
アマテラスオオミカミ
天照皇大神
トヨウケノオオカミ
豊受大神

御祭神は伊勢神宮と同じ。伊勢神宮を参拝したのと同じ御利益が頂けます。豊受大神は健康の基礎となる食事を司る神様。健やかな日々を過ごせるようお願いしましょう。お守りにかわいい巫女さんが描かれていますが、このイラストが大人気。巫女さんのキーホルダーやブロマイドまであります。神前結婚式を創始したのもこちらの神社です。

このお守りがすごい！

巫女の姿入り七色鱗形のお守り

お守りの包みにまで宿る神の力

古来、厄除け開運のため7色の鱗形の下着や羽織裏、腰ひもを身に付けたことに由来するお守り（1000円）。このお守りは昔から伝わる包み方で授与され、これが実にすばらしくお守りへの真摯な態度に感動します

京都の繁華街にたたずむ神社

手水舎の水盤は豊臣秀吉築城の伏見城にあった水盤が寄進されたものと伝わります。本殿は左大臣一条家の書院・玄関を移築した優美な姿の社殿です。境内の梅は一本の木に紅白の花が咲く縁起のよい梅とされます

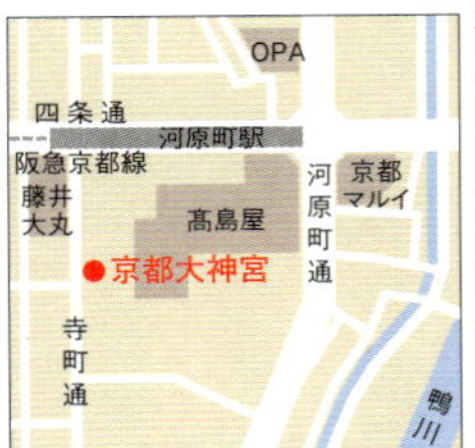

DATA

京都大神宮
創建／明治6年
本殿様式／御苑内の左大臣一条関白家の書院・玄関を移築
住所／京都府京都市下京区寺町通四条下ル貞安前之町622
交通／阪急「河原町駅」から徒歩約5分
参拝時間／8:00〜18:00
お守り授与時間／9:00〜17:00
URL／kyotodaijingu.jp

妊婦さんの健康・安産を祈願

京都

わら天神宮（敷地神社）【わらてんじんぐう（しきちじんじゃ）】

主祭神
コノハナノサクヤヒメノミコト
木花開耶姫命

わら天神――ちょっとおもしろい社名だと思いませんか。正式名称は敷地神社といいます。それが「わら天神」と呼ばれるようになった理由は、お守りに由来します。安産のお守りに藁が入っているのです。古くよりその藁の節により、生まれてくる子どもの性別を占います。妊婦さんの健康と健やかな赤ちゃん誕生をかなえてくれます。

このお守りがすごい！

わら天神宮

安産御守

わらの節で男女を占う安産のお守り

このお守りの中に小さく切った藁が1本入っています。その藁に節があれば男の子、節がなければ女の子が生まれるといわれています。お産のときに飲むと安産になるという「安産護符」も封入されています

難題を抱えている人は必訪

境内社の六勝稲荷神社は「六つかしいことに勝つ」とも読めることから必勝、成功、開運の神様として信仰を集めています。難関校受験をはじめ、司法試験など資格試験の合格を願う受験生や妊婦さんもお参りしています

わら天神宮（敷地神社）
蘆山寺通
わら天神前
わら天神前
平野通
佐井通
西大路通
平野神社
北野白梅町駅

DATA

わら天神宮（敷地神社）
創建／推定平安建都以前
本殿様式／流造　住所／京都府京都市北区衣笠天神森町10
交通／JR「京都駅」から市バス約30分、または阪急京都本線「河原町駅」から市バス約40分「わら天神前」下車徒歩約3分
参拝時間／8:30〜17:00
お守り授与時間／8:30〜17:00
URL／waratenjinguu.com

⛩ 京都大神宮のお守りの包み紙は昔から伝わるものだとか。昔、日本では紙を折ったり、包んだりすることは秘儀であり神事と考えられていたことを彷彿させます

大阪

石切劔箭神社

【いしきりつるぎやじんじゃ】

腫れ物治癒の「でんぼの神さん」

御祭神

饒速日命（ニギハヤヒノミコト）
可美真手命（ウマシマデノミコト）

「石切さん」と親しみを込めて呼ばれています。昔から「でんぼの神さん」として有名で、いつも大勢の参拝客でにぎわっています。「でんぼ」とは腫れ物のこと。神社に伝わる秘法を用いた祈祷で腫れ物を除いてくれると信仰されてきました。「なでまもり」は腫れ物、ガン封じなど病気平癒に御利益があるとされるお守りです。

このお守りがすごい！

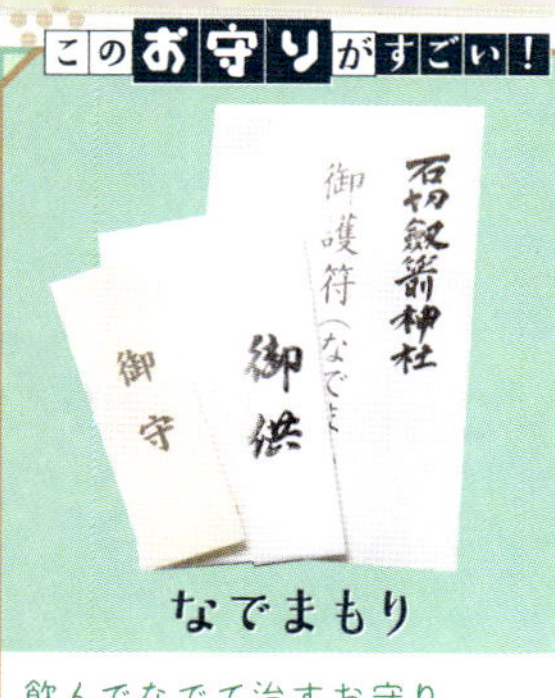

なでまもり

飲んでなでて治すお守り

夏季大祭で供えられたお米と紙片の「御守」が封入されています。「石切大神」と何度も唱えながら、「御守」で患部をなでます。お米は毎朝1粒ずつ、その日初めて飲む水で飲みます。1週間たったら、神社の納札所に納めます。200円

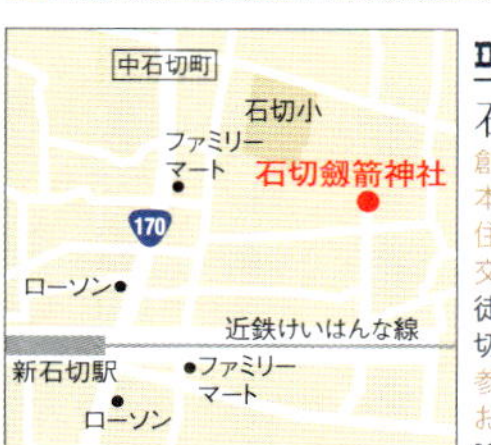

DATA

石切劔箭神社
創建／神武紀元2年
本殿様式／不明
住所／大阪府東大阪市東石切町1-1-1
交通／近鉄奈良線「石切駅」から徒歩約15分、近鉄けいはんな線「新石切駅」から徒歩約7分
参拝時間／自由
お守り授与時間／7:30〜16:30（7〜9月〜17:30）　URL／ishikiri.or.jp

亀が願いを届ける

境内奥に建つ穂積殿の手前に小さな池があります。この池は神霊水をたたえたパワースポット。授与所で小さな亀の置物「祈亀」を求め、そのおなかに願いを書いて池に放します。亀が御祭神に願いを届けてくれるそうです

山口

白崎八幡宮

【しらさきはちまんぐう】

あらゆる願いのお守りが揃う

主祭神

應神天皇（オウジンテンノウ）
仲哀天皇（チュウアイテンノウ）
神功皇后（ジングウコウゴウ）

鎌倉時代中期の創建。江戸時代には岩国藩主が武運長久と豊穣を願い、信仰しました。主祭神の應神天皇は130歳で没したと伝わる神様。健康長寿をかなえてくれます。また境内には無病息災で知られる粟嶋（あわしま）神社があります。本殿では申の日に病気平癒祈願が行われます。各種お守りは神社ウエブサイトから入手することもできます。

このお守りがすごい！

病気平癒御守

傷の快復に
インフルエンザ対策まで

心身の傷や病が早期快復するようにとの祈願が込められたお守りです。お守り袋は横糸を通常のものより多い240本使用し、ていねいに縫製されています。ほかにインフルエンザ退散の「病魔退散お守り」などがあります

DATA

白崎八幡宮
創建／建長2年（西暦1250年）
本殿様式／八幡造
住所／山口県岩国市今津6-12-23
交通／JR山陽本線「岩国駅」からバス約10分、岩国錦帯橋空港から車約10分またはJR岩徳線「西岩国駅」から徒歩約20分
参拝時間／自由
お守り授与時間／9:00〜17:00
URL／www.sirasaki.com

料理に使える湧き水

境内に湧く御神水「白崎の水」は、天に昇る龍の如く地域の繁栄を願って掘り当てたという水です。地下131mから汲み上げる錦川の伏流水で、飲用や料理に使うと健康、厄除け、開運などさまざまな御利益があります

石切劔箭神社には「お百度参り」という願掛けがあります。本殿前でお参りして、入口に戻り、再び本殿の前でお参りすることを100回繰り返す方法です。神様に強く伝えたい願いがある人はこの方法で参拝してみてはいかがでしょうか

まずどこに行けばいい？

オススメの神社はこちら

日本には8万社以上もの神社があるとされます。祈願をしたり、お祓いや御祈祷を受けたりしたいとき、どこの神社に行けばいいのか迷うはず。そこで、まず参拝すべき神社はどこか、その理由などをお話しします。

氏神様への参拝

「オススメの神社はどこですか？」とよく聞かれます。有名な神社や「御利益絶大」などといわれる神社にはまず行きたくなるはずです。しかし、最初に参拝すべきは、氏神や産土神を祀る神社なのです。

氏神とは自分が住んでいる地域の人々が祀ってきた神様です。ですから身近な存在で自分を守ってくれます。氏神を祀る神社周辺の一定の地域に住む人々を氏子といいます。

産土神は自分が生まれた土地の氏神。生まれた土地を離れても一生自分を守ってくれます。

いずれにせよ、氏神も産土神も自分の親のような存在です。何かの縁があって、その土地に生まれ、またその場所で暮らしているのですから、氏神や産土神と自分とは深い縁があるともいえます。それだけに願いごとをしやすい神様です。そのような神様を祀る神社を最初に参拝し、大切にするのは当然といえるのではないでしょうか。

氏神、産土神を祀る神社がどこなのかは地元に長く住んでいる人に聞くか、各都道府県の神社庁に問い合わせると教えてくれるでしょう。

崇敬神社とは

自分にとっては氏神にも産土神にも当たらない神様を祀る神社で、特別な思いや信仰を抱いて参詣する神社を崇敬神社といいます。また、このような崇敬神社を信仰する人を崇敬者といいます。住まいの近くの氏神を信仰しながら、離れた場所にある神社にお参りに行っても差し支えなく、神棚に崇敬神社から頂いたお札をお祀りするのもよいでしょう。神社の発展や崇敬者との御神縁を高めるために、崇敬会という組織があるところもあります。

氏子会・崇敬会

多くの神社は氏子会、崇敬会、奉賛会、青年会などがあります。名前は違えども、同様の組織で敬神崇祖（神を敬い先祖をあがめる心）の念をもち、神社への信仰の篤い方々に支えられています。入会には特に資格はありませんが、年会費が必要です。入会の方法や年会費は神社のウェブサイトを見るか、神社に問い合わせればわかります。入会すると会報の送付、例大祭への参列、お札の授与などの特典があります。

例大祭に参列しよう

例大祭は御祭神の誕生日や命日など、その神社に由緒のある日に行われる祭祀です。神社にとって最も重要なお祭りといえるでしょう。春祭り、秋祭りが例大祭になっている神社もあります。氏子会や崇敬会に入会していると例大祭に参列できるところが多く、祭式後は神様と一緒に食事をし、御神徳を頂く直会に参加することもできます。一般参加できる例大祭もあるので神社に問い合わせてみましょう。初穂料（5000～1万円ぐらい）はのし袋に入れて持参します。

第三章

「御利益別！」

開運神社の すごいお守り

～仕事・学業運～

仕事に、試験に、持てる力を尽くしたら、最後は神頼み。
実業家が足しげく通う神社や難関校突破の霊験あらたかなスポットへ念押しを

夢実現を決意したら迷わず行くべし!

茨城

鹿島神宮【かしまじんぐう】

仕事、受験など何かを決意して始める前にお参りを日本建国に尽くした軍神が強力サポート!

御祭神は武の神様。古来、国の守護神、勝運の神様として源頼朝、徳川家康や武将の信仰を集めてきました。日本の国造りに力を発揮したことから、旅や仕事などをスタートする前に参拝すると絶大なパワーで成功に導いてくれる神様ともされます。かつて防人は出発の前には鹿島神宮に参拝するのが習慣だったことから、旅立ちのことを「鹿島立ち」という言葉が生まれました。受験や就活、婚活など、ここ一番という人生の節目でサポートをお願いするなら「鹿島立守」がおすすめ。どんな壁にぶつかっても前進を後押ししてくれます。参拝ですが、本殿は楼門を入り正面ではなく、右手にあります。知らずに通り過ぎる人もいるので注意。また拝殿の裏は強力なパワースポット。ぜひ拝観を。

主祭神

武甕槌大神（タケミカヅチオオカミ）

神聖な奥参道

本殿から奥宮までは300mほどの奥参道が延びています。参道の両脇にはシイやタブなどの巨木がうっそうと茂り、荘厳な雰囲気です。広い境内には600種以上の草木が生育し、清浄でスピリチュアルな空気が流れます

奥宮と要石は必訪

武甕槌大神の荒魂が祀られている奥宮。荒魂は神様の荒々しい側面であり、物事を生み出すエネルギーともいえます。この社殿は徳川家康が関ヶ原戦勝のお礼に奉納したものです。この先に地震を押さえているといわれている要石があります

DATA

鹿島神宮
創建／皇紀元年（紀元前660年）
本殿様式／三間社流造
住所／茨城県鹿嶋市宮中2306-1
交通／JR鹿島線「鹿島神宮駅」から徒歩約10分または高速バスかしま号「鹿島神宮」下車徒歩約5分
参拝時間／自由
お守り授与時間／8：30〜16：30
URL／kashimajingu.jp

このお守りがすごい!

鹿島立守

これから何かを始める人に力を与えるお守り

旅立ち前に頂きましょう。袋に刺繍されている鹿ですが、奈良時代に御祭神の分霊を鹿に乗せ、奈良の春日大社までお遷ししたという故事に基づいています。境内の鹿園では鹿が神様のお使いとして大切にされています。初穂料800円

⛩ 境内には昔の参拝者が禊をしたという御手洗池があり、池のそばにある茶店で休憩できます。また鹿島神宮と息栖（いきす）神社、千葉県の香取神宮の三社を東国三社といい、この三社ともに詣でるのがよいといわれています

問題解決、進路決定の知恵を頂く

埼玉

秩父神社【ちちぶじんじゃ】

知恵の神様、秩父開拓の神様をお祀りする古社
本殿側面には極彩色の華麗な彫刻が配されています

知恵の神様と秩父地方を開拓した神様、そして妙見様をお祀りしています。妙見様は北極星を神格化した神様で、宇宙を支配する最高神とされます。パワーあふれる3柱の神様は、学校やビジネスなど進路を決めるときや困難にぶつかったとき、問題解決の知恵と将来を切り開く力や強運を授けてくれます。本殿は天正20（1592）年、徳川家康の寄進により建てられたもの。東西南北には左甚五郎作と伝わる「子育ての虎」や「つなぎの龍」、フクロウ、猿の彫刻が配され、それぞれの意味を書いた説明板が設置されています。境内の授与所にはこの彫刻をモチーフとした絵馬やお守りが各種あります。なかでもフクロウは知恵のシンボルとして受験生に好評です。

主祭神

八意思兼命（ヤゴコロオモイカネノミコト）
知知夫彦命（チチブヒコノミコト）
天之御中主神（妙見様）（アメノミナカヌシノカミ）
秩父宮雍仁親王（チチブノミヤヤスヒトシンノウ）

本殿の裏へ行ってみよう

本殿裏（北側）に施された「北辰の梟」。体は本殿に、頭は正反対の北を向き御祭神をお守りしているフクロウです。北辰とは北極星のことで北は妙見様が出現する方角。フクロウは御祭神と縁が深い縁起のよい鳥とされています

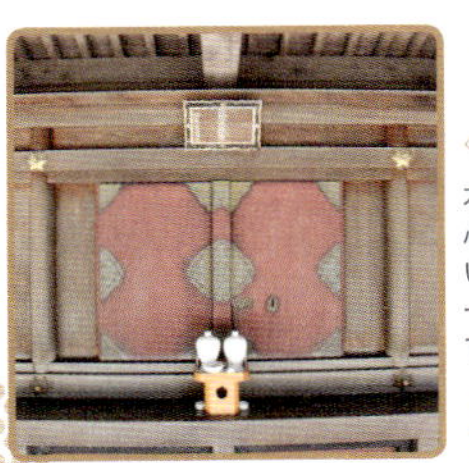

全国の神様が祀られる天神地祇社

本殿の奥には全国の一宮の神様を中心に75座の神様が一堂に祀られている天神地祇社があります。端から一つひとつお参りしてもよいし、中央でまとめてお参りしてもよいでしょう

智恵梟守

勉学をはじめ人生における知恵を授ける

御祭神のヤゴコロオモイカネノミコトは知恵の神様、「ちえぶくろ」という言葉にかけたお守り。勉学や仕事、生活に必要なあらゆる知恵を授けてくれるお守りです。フクロウが描かれた学業成就絵馬もあります

DATA

秩父神社
創建／崇神天皇11年（紀元前87年）
本殿様式／権現造
住所／埼玉県秩父市番場町1-3
交通／秩父鉄道「秩父駅」から徒歩約3分、西武鉄道「西武秩父駅」から徒歩約15分
参拝時間／5:00～20:00（冬季6:00～20:00、12月31日～1月1日は深夜参拝可）
お守り授与時間／9:00～17:00（12月31日～1月1日は深夜参拝可）
URL／chichibu-jinja.or.jp

秩父神社の目の前にある「秩父まつり会館」では、秩父神社の特殊神事である「秩父夜祭」で曳かれる屋台や笠鉾をホールに展示しています。また3Dシアターでは夜祭の様子をリアルな映像で再現。「秩父夜祭」はユネスコの無形文化遺産に登録されています

成功へ導く！ ビジネスマンに人気の神社

三重

命あるものすべてを幸福に導く「みちびき」の神様が人生の岐路に立ったとき、選ぶべき道を示してくれます

椿大神社

【つばきおおかみやしろ】

主祭神

サルタヒコオオカミ
猿田彦大神

御祭神は地上界を治めるため、天上界から降臨した神・ニニギノミコトを、道を照らし、迷うことなく地上へと導いた神様です。どのようなときでも正しい道を示す力をもつことから、「みちびきの祖神様」として、崇拝を集めてきました。三重県では参拝者の多い神社として有名で年間150万人近い人の参拝があります。特に実業家の間ではビジネスを成功へと導くパワフルな神様として信頼が寄せられています。パナソニックを起こし「経営の神様」とも呼ばれる松下幸之助も熱心な崇敬者のひとりでした。お守りは種類豊富で、起業や受験を決意したとき、モチベーションを高めたいとき、キャリアアップ祈願、人や仕事との良縁祈願などシーンに合わせてセレクトできます。

大理石の玉に祈願

「招福の玉」は家庭円満、芸能上達、良縁成就などの御利益が期待できる大理石の玉。お願いごとを心の中で祈念して、「祓え給え、清め給え、六根清浄」と唱えながら、3回なでると願いがかなうそうです

願いがかなう滝として人気

別宮「椿岸神社」の横に流れ落ちる「かなえ滝」は社殿背後にそびえ、奥宮が鎮座する入道ヶ嶽から湧く清らかな水が流れる滝です。開運、恋愛成就、諸願成就などの、願いがかなうパワースポットとして知られています

DATA

椿大神社
創建／垂仁天皇27年（紀元前3年）
本殿様式／神明造
住所／三重県鈴鹿市山本町1871
交通／JR・近鉄「四日市駅」から三重交通バス約1時間「椿大神社」下車すぐ　参拝時間／日の出～日の入り（年始を除く）
お守り授与時間／8：00～17：00
URL／tsubaki.or.jp

このお守りがすごい！

みちひらき守

くぼさ守

気魄守

現代のビジネスにもマッチした目的別のお守り

「みちひらき守」は将来の展望を開いてくれます。「くぼさ」とは利益という意味、「くぼさ守」は利益アップ、「気魄（きはく）守」は物事を推し進める知恵や勇気、力を授けてくれるお守りです。ほかに良縁守なども揃います

鳥居の手前に建つ「椿会館」は宿泊、参拝時の休憩、食事など多目的に利用できる施設です。レストランの名物は「椿とりめし」で、素朴で懐かしい味と好評です。折詰もあり、490円とリーズナブル。近くの温泉施設「アクアイグニス」も人気

合格祈願なら真っ先に天神様に直行！

福岡

全国に1万2000社ある天満宮の総本社
早春の境内には約6000本もの梅が咲き誇ります

太宰府天満宮

【だざいふてんまんぐう】

主祭神
スガワラノミチザネコウ
菅原道真公

御祭神の菅原道真公は平安貴族で政治家としても優秀。学者の最高位でもあったことから、「学問の神様」として知られています。社殿は菅原道真公の墓所の上に建てられているので学力向上の力強いパワーが頂けます。毎年10月には特別合格祈願祭が行われ、受験合格祈願を申し込むと期間限定のお札やお守り、絵馬などが授与されます。また、この期間、難関校突破を祈願し、天に昇る龍と鯉が配された「飛龍天神ねぶた」が掲げられます。天満宮、天神と名前のついた神社は道真公が祀られた神社のことで、天神様といえば梅といわれますが、梅は道真が愛した花。境内には約200種6000本もの梅の木が茂ります。当然、神紋も梅、各種お守り袋にも梅が刺繍されています。

牛の頭をなでて頭脳明晰に

御神牛の頭をなでると知恵を授かるといわれます。牛像が境内に多いのは御祭神が丑年生まれであることや道真の遺骸を京へ運ぶ途中、牛が臥せて動かなくなった地を墓所にし、霊を祀ったというエピソードに由来します

参拝前後のお楽しみも！

参道は東西約450mに延びる石畳の参道。道の両側には名物「梅が枝餅」を焼く店をはじめ、80店ほどのおみやげ屋さんが並びます。参道のお店は閉まるのが早く、お店を楽しみたい人は夕方前には訪れましょう

DATA

太宰府天満宮
創建／延喜5年（西暦905年）
本殿様式／五間社流造
住所／福岡県太宰府市宰府4-7-1
交通／西鉄太宰府線「太宰府駅」から徒歩約5分
参拝時間／6:30〜19:00
お守り授与時間／7:00〜19:00
URL／dazaifutenmangu.or.jp

このお守りがすごい！

梅実守

天神様が宿るといわれる
梅の実のお守り

「梅実守」（1200円）は梅の実をくり抜き、神像が納められています。梅は受験シーズンの1〜2月に花を咲かせるだけに受験生にとっては縁起のよい花です。ほかに「学業袋守」（800円）、「学業身守」（1000円）などがあります

梅は日本の受験シーズンと重なる1〜2月に花が咲くため、学業において大変縁起がよい花といえるでしょう。継続して御祈願を受けたい人は「学業講社」に入会すると、毎年お札を頂けるほか、受験の際には合格祈願を行ってもらえ、特別なお札とお守りを頂けます

何ごともうまくいくお守り

宮城

志波彦神社 鹽竈神社

【しわひこじんじゃ しおがまじんじゃ】

東北を守護する神社として信仰されてきました。唐門を入ると正面と右側に社殿があり、右側が別宮拝殿です。本殿に主祭神であり、博識の神様として知られる鹽土老翁神が祀られています。この神は命に欠かせない製塩方法を伝えた神様ともされています。「うまくいく御守」は困難に遭遇したとき、解決の知恵を授けてくれます。

主祭神

シワヒコオオカミ
志波彦大神
シオツチオジノカミ
鹽土老翁神
タケミカヅチノカミ
武甕槌神
フツヌシノカミ
経津主神

このお守りがすごい！

うまくいく御守

9つの馬蹄が幸運を招く

お守り袋に刺繍されているのは馬蹄です。馬蹄は幸運を招くお守りとされてきました。「うま（馬）くいく（九）」ということで9つの馬蹄が刺繍されています。学業・仕事の成功・円滑な人間関係をもたらしてくれます。1000円

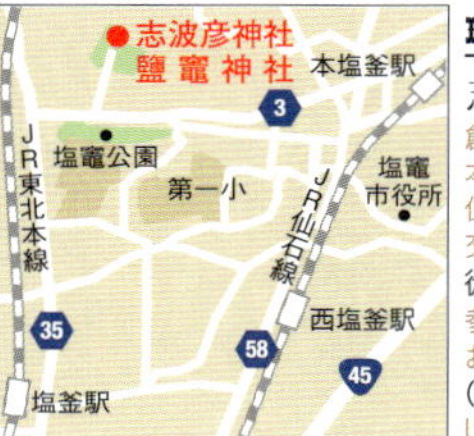

DATA

志波彦神社 鹽竈神社
創建／不明
本殿様式／流造
住所／宮城県塩竈市一森山1-1
交通／JR仙石線「本塩釜駅」から徒歩約15分
参拝時間／5:00〜20:00
お守り授与時間／5:00〜20:00（鹽竈神社のみ〜17:00）
URL／shiogamajinja.jp

塩の神様を祀る

別宮の御祭神は塩の神様、海の神様としても信仰されています。社殿前には献魚台という魚を奉納する台が置かれています。境内にある博物館では御祭神が伝えたという古代の製塩方法「藻塩焼神事」を映像で紹介

お守りは野球部女子マネ御用達

埼玉

箭弓稲荷神社

【やきゅういなりじんじゃ】

商売繁昌や開運の御利益を頂けるお稲荷さんですが、近年、社名から野球・ソフトボールの神様として有名になりました。高校野球地区大会前などには女子マネージャーや球児が熱心に祈る姿も多く見られます。境内のバット絵馬掛けには祈願を書いたバットが多数奉納されています。縁結びや芸能上達を願うお守りも揃います。

主祭神

ウケモチノカミ
保食神

このお守りがすごい！

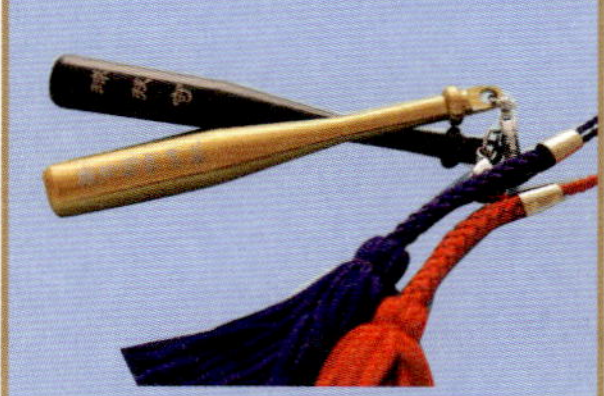

球技守バット型

何ごとにも打ち勝ち
ヒット祈願！

野球・ソフトボールをはじめ、球技の技術上達を目指し「何ごとにも打ち勝つ」という祈念が込められているお守り（800円）。ほかにグローブ型も頒布。必勝祈願を書いて奉納するバット絵馬とベース絵馬（各500円）があります

DATA

箭弓稲荷神社
創建／和銅5年（712年）
本殿様式／権現造
住所／埼玉県東松山市箭弓町2-5-14
交通／東武東上線「東松山駅」から徒歩約3分
参拝時間／自由
お守り授与時間／8:30〜17:00
URL／yakyu-inari.jp

境内は見どころたくさん

社殿は天保14（1843）年に造営されたもの。豪壮な権現造で背面には華麗な彫刻が施され、埼玉県の文化財に指定されています。境内には「ぼたん園」があり、1300余株が植えられ見事な花を咲かせます

⛩ 鹽竈神社のお守りに刺繍されている馬蹄ですが、日本だけでなく、西洋でも幸運を招くといわれています。下向きの馬蹄は、幸運を逃がさない、幸運が降ってくるという考えもあるそう。鹽竈神社には流鏑馬神事があり馬と関連が深い神社でもあるのです

武士の崇敬を集めた力強い神様

神奈川

鶴岡八幡宮

【つるがおかはちまんぐう】

鎌倉幕府を開いた源頼朝が創建しました。以来、国家鎮護、源氏の氏神として信仰されてきました。以後、歴代将軍や多くの武士から崇敬を集めた力強い神様です。現在でも、勝負運・仕事運・出世運などさまざまな信仰を集めています。必勝・学業成就の祈願は源頼朝・実朝両公が祀られている境内の白旗神社へも参拝しましょう。

御祭神

応神天皇（オウジンテンノウ）
比売神（ヒメガミ）
神功皇后（ジングウコウゴウ）

このお守りがすごい！

鳩鈴守

かわいい神使の開運守

鳩は八幡様のお使い。清らかな鈴の音が幸せを運ぶようにと祈願されています。境内の授与所には、流鏑馬神事がデザインされた「仕事守」（1000円）など、さまざまなお守りがあります

生命力のパワースポット

本殿へ向かう大石段の左手には樹齢1000年といわれ、高さ推定30mもの大イチョウがありましたが、平成22（2010）年、強風で倒伏。しかし、その場所から小さな若芽が吹き、現在成長しています

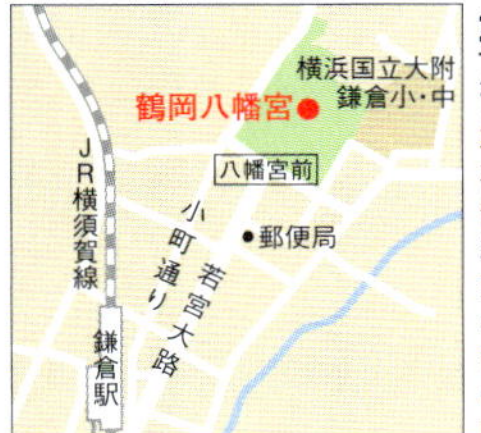

DATA

鶴岡八幡宮
創建／1191年（建久2年）
本殿様式／流権現造
住所／神奈川県鎌倉市雪ノ下2-1-31
交通／JR・江ノ島電鉄「鎌倉駅」から徒歩約10分
参拝時間／6:00～20:30
お守り授与時間／8:30～17:00
URL／www.hachimangu.or.jp

企業経営者の参拝が多い

静岡

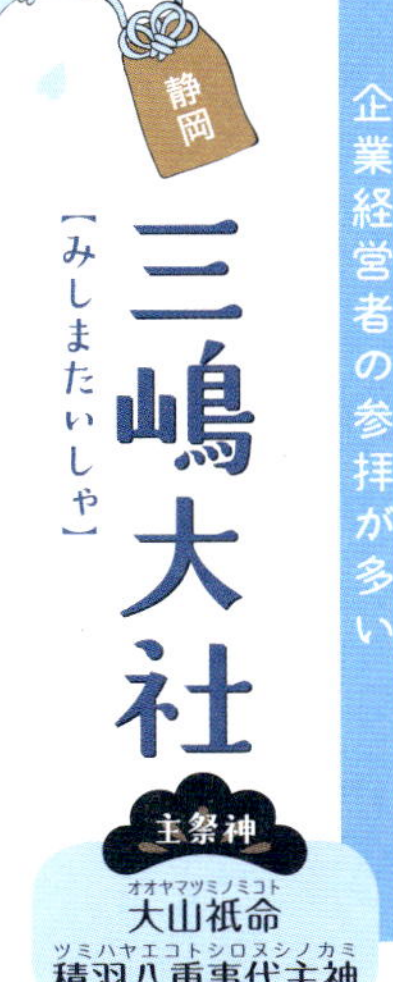

三嶋大社

【みしまたいしゃ】

御祭神を総称して三嶋大明神と呼んでいます。山林・農業の守護、漁業・商工業の繁栄そして開運のパワーがあり、企業経営者から篤い信仰が寄せられています。毎年12月25日から授与される三嶋駒は数量限定の分厚い絵馬。開運大吉、心願成就の祈願が込められ、家庭や仕事場に飾る縁起物です。カード形の仕事守がおすすめです。

主祭神

大山祇命（オオヤマツミノミコト）
積羽八重事代主神（ツミハヤエコトシロヌシノカミ）

このお守りがすごい！

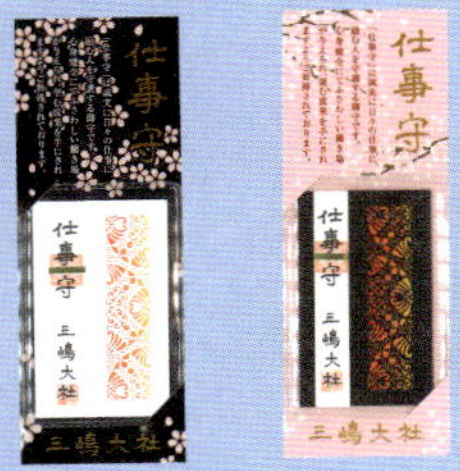

仕事守

名刺入れにしのばせて

日々の仕事に誠実に励む人を守護するお守り（700円）。お財布や名刺入れに入れられるカードサイズになっています。名刺入れに入れておき、名刺交換のときにお守りに近い名刺から渡していくと、よい結果が得られるかもしれません

おいしい草餅で開運

境内にあるお休み処「福太郎茶屋」で頂けるのが、こしあんでくるんだ草餅「福太郎」。草餅に使われるヨモギは昔から邪気を祓うとされ、お餅は命を強化する食べ物とされてきました。上品な甘みと自然の香りが味わえます

DATA

三嶋大社
創建／奈良時代以前
本殿様式／総欅素木造
住所／静岡県三島市大宮町2-1-5
交通／JR「三島駅」から徒歩約7分
参拝時間／自由
お守り授与時間／8:30～16:50
URL／mishimataisha.or.jp

本書で紹介しているほとんどの神社で、御朱印を頂けます。御朱印は参拝の証。お守りと同様に、基本的には参拝してから頂きましょう。神社によっては、期間・季節限定やお祭り限定の御朱印を授与しています

三重

宇賀多神社【うがたじんじゃ】

これさえあれば鬼に金棒

勝負の神様を祀っています。社名の「宇賀多」が「うかった」「うちかった」に通じることから、合格祈願、必勝祈願に御利益ありと多くの参拝者が訪れます。そんな参拝者が求めるのが「鬼に金棒まもり」です。また、御神木のナギの木は落雷があった際、本殿を守ったとされ、ナギの木の葉が入った厄除けのお守りもあります。

主祭神
正勝吾勝勝速日天忍穂耳命（マサカアカツカチハヤヒアメノオシホミミノミコト）

このお守りがすごい！

鬼に金棒まもり

「ここぞ！」というときに

難関校受験、資格試験受験、大事なプレゼンテーション前、試合の前等、勝負するとき、「ここぞ！」というシーンで心の支えになってくれるお守り（500円）。志摩のご当地キャラクターとコラボした絵馬やお守りもあります

DATA

宇賀多神社
創建／約500年前
本殿様式／神明造
住所／三重県志摩市阿児町鵜方1550　交通／近鉄志摩線「鵜方駅」から徒歩約10分
参拝時間／8：30～17：00
お守り授与時間／8：30～17：00
※時間は祭典で変更する可能性あり
URL／www.geocities.jp/ugatajinnjya

神社の始まりの場所

社殿横に創建に関わる磐座石があります。古代、この石を神として祀ったのが始まりとされます。地元では昔から願いをかなえてくれる石神様として信仰され、戦争中には戦勝を祈願し、砲弾が奉納されました

滋賀

近江神宮【おうみじんぐう】

チャンスをつかんで飛躍する

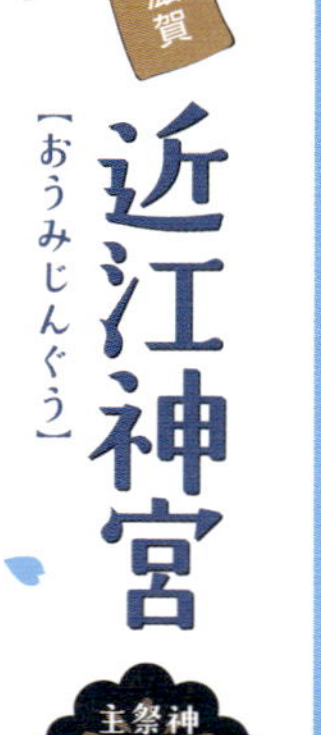

百人一首を題材にしたコミックや映画『ちはやふる』の舞台として、ここ数年すっかり有名になりました。御祭神の天智天皇は日本で初めて水時計を設けた天皇で「時の祖神」「導きの大神」ともいわれます。時間を味方につけるのはビジネスにも、勉学にも必要。未来を見据え、進むべき道を示してくれる独自のお守りがあります。

主祭神
天智天皇（テンチテンノウ）

このお守りがすごい！

ときしめす守

進むべきときと道がわかる

御祭神の御神徳により、進むべきとき、進むべき道を示し、チャンスを獲得する力を頂けます（1000円）。節分祭に使われるお面にちなんだ意匠で過去・現在・未来を見つめ、開運を展望するパワーを与えてくれる「三ツ目守」（P.13）などもあります

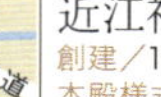

DATA

近江神宮
創建／1940年
本殿様式／三間社流造
住所／滋賀県大津市神宮町1-1
交通／JR湖西線「大津京駅」から徒歩約15分または京阪石山坂本線「近江神宮前駅」から徒歩約9分
参拝時間／6：00～18：00
お守り授与時間／9：00～16：30
URL／oumijingu.org

時計会社からの寄贈が

境内にはスイスの時計会社として有名なオメガ社日本総代理店から贈られた漏刻があります。漏刻は御祭神が創始した時計で、流れ落ちる水によって10分ごとの時を知ることができます。ロレックス社より寄贈された古代中国の火時計も印象的

近江神宮は、小倉百人一首の第一首目の歌を詠んだ天智天皇にちなみ、百人一首の競技大会が開催されました。日本初の時計博物館もあります。「近江神宮　善庵」は境内にある蕎麦店。そば粉と水だけで打つ手打ちの十割蕎麦が絶品と評判

日本最古の天満宮であっぱれな自分に

京都

日本最古 生身天満宮

【にほんさいこ いきみてんまんぐう】

御祭神
スガワラミチザネコウ
菅原道真公

不思議な名称の神社だと思いませんか？ 全国に数多くある天満宮は菅原道真公が亡くなってからお祀りした神社ですが、生身天満宮は唯一道真公の存命中にお祀りした神社。それで生身なのです。日本最古の天満宮です。学問に秀で、スピード出世した御祭神のパワーにあやかり、受験・就職・仕事の成功を祈願するお守りが揃います。

このお守りがすごい！

とんぼ玉 合格お守り　天 晴れる

天まで晴れわたる人生に

「天 晴れる」は「天まで晴れ渡る、あっぱれな人生」が送れるようにとの願いが込められた仕事のお守り。日本ではトンボは前にしか進まないため「勝ち虫」とも呼ばれます。手作りのとんぼ玉の付いた世界にひとつの「合格お守り」も（各800円）

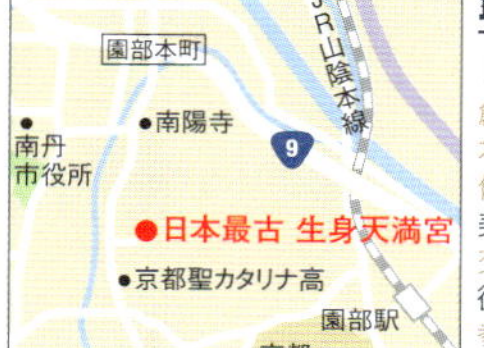

DATA

日本最古 生身天満宮
創建／901年(延喜元年)
本殿様式／一間社流造 檜皮葺
住所／京都府南丹市園部町美園町1-67
交通／JR嵯峨野線「園部駅」から徒歩約12分
参拝時間／自由
お守り授与時間／随時（無休）
URL／ikimi.jp

美人になれる神社

境内にある厳島神社は弁天さんと親しまれる芸能、勝運の美しい女神を祀る神社。心身の美貌をかなえてくれる女性の守護神でもあります。美人祈願の御神札を匂い袋に入れた「美人御守り」を授与しています

スポーツや習い事の上達を祈願

白峯神宮

【しらみねじんぐう】

主祭神
ストクテンノウ
崇徳天皇
ジュンニンテンノウ
淳仁天皇

悲運の運命をたどった御祭神の御霊を慰めるため、明治天皇により創建。今ではスポーツや習い事の神様として有名です。各種スポーツで使用された公式球が多数奉納され、多くのスポーツ選手や学生が技術の上達や必勝祈願に訪れています。スポーツの必勝や上達を願うお守りがあり、リストバンドやタオルなど、変わった形のものも。

このお守りがすごい！

闘魂守

日本でここだけのスポーツのお守り

当時の人気スポーツ・蹴鞠の守護神として平安時代から祀られてきた境内社の「精大明神」にまつわる「闘魂守（スポーツ守）」（500円）。プロ選手からスポーツクラブ、学校の選手まで、多くの選手がこのお守りを身に付けて、活躍しています

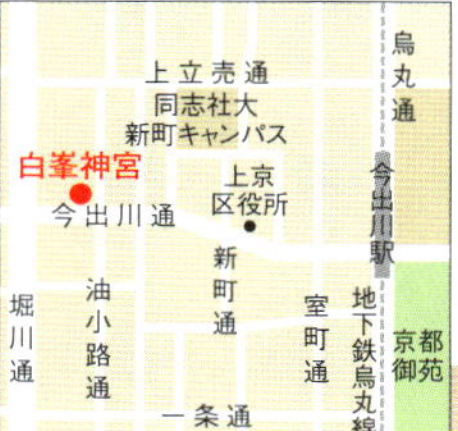

DATA

白峯神宮
創建／1868年（慶応4年）
本殿様式／三間社流造
住所／京都府京都市上京区今出川通堀川東入飛鳥井町261
交通／JR「京都駅」から市バス約25分「堀川今出川」下車すぐまたは京都市営地下鉄烏丸線「今出川駅」から徒歩約8分
参拝時間／8:00〜17:00
お守り授与時間／8:00〜17:00
URL／shiraminejingu.or.jp

あらゆるスポーツの神様「精大明神」

飛鳥井家の祖先・藤原成道が、1000日間鞠を落とさずに蹴る願を掛けたときに現れた神様を飛鳥井家の守護神「精大明神」として祀りました。現在は白峯神宮境内にある地主社に祀られ、球技をはじめスポーツの上達を願う参拝者でにぎわいます

神社でおみくじを引く際は、今自分が迷っていることを思い浮かべ、その答えが得られるように祈りましょう。そして、おみくじのなかでも、自分が願った内容に一番近い項目（恋愛、商売、旅行など）のアドバイスや、和歌などの文章に注目しましょう

広島

日本有数、建築の守護神

大山神社【おおやまじんじゃ】

瀬戸内海を見下ろす高台に社殿が建ちます。主祭神は建築工業の守護神としてあがめられ、境内末社の大山稲荷神社は商売繁昌、知恵を授けてくれる神様として参拝者が絶えません。神社がしまなみ海道に位置するため、境内に自転車神社があります。自転車の安全走行や盗難防止を願うお守りが各種あり、サイクリストに人気です。

主祭神
大山積大神（オオヤマヅミノオオカミ）

このお守りがすごい！

耳明守

人の話をよく聞き、運を開く

境内に耳の神様として有名な耳明神社があります。人の話を聞くと徳があり、運を開く神様と信仰されています。「耳明守」（800円）は耳の健康を守るだけでなく、有益な情報を聞き逃さない感性と情報力を与えてくれるお守りです

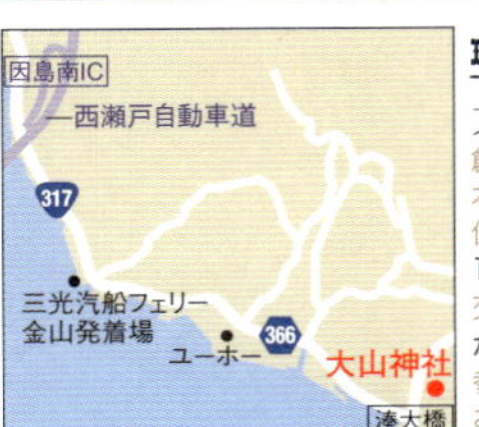

DATA

大山神社
創建／宝亀4年（西暦773年）
本殿様式／流造
住所／広島県尾道市因島土生町1424-2
交通／西瀬戸自動車道「因島北IC」から車で約10分
参拝時間／9：00～17：00
お守り授与時間／9：00～17：00
URL／ooyama.sun.bindcloud.jp

サザエの殻が願いをかなえる

本殿に向かって右側に耳明（みみご）神社が鎮座しています。耳明神社に続く参道には多くのサザエの殻が奉納されています。この神社ではサザエの殻にお酒とお米を入れてお供えして祈願すると、願いがかなうといわれているからです

大分

キャリアアップを強力サポート

宇佐神宮【うさじんぐう】

全国に4万社以上もある八幡社の総本宮です。御祭神は強力なパワーをもつ神々。八幡大神は皇室・武士から篤く信仰され、比売大神は宗像三女神の総称で学問・芸術・招財の神様、そして神功皇后は女性ながら熊襲を征伐した力強い女神で八幡大神のお母様。親子、三女神のパワーが込められたお守りはどちらも無敵の強さというわけ。

主祭神
八幡大神（ハチマンオオカミ）
比売大神（ヒメオオカミ）
神功皇后（ジングウコウゴウ）

このお守りがすごい！

鳳凰ネクタイピン
八幡大神守
神馬鈴

宇佐神宮特有の授与品

「大神守」（800円）は表に八幡大神降臨の様子、裏には大神を抱く神功皇后が配されています。「ネクタイピン」（2500円）は本殿の襖絵の鳳凰をデザインしたもの。「神馬鈴」（1000円）ですが、宇佐神宮では白馬が神様の乗り物でお使いとされています

DATA

宇佐神宮
創建／神亀2年　本殿様式／八幡造
住所／大分県宇佐市南宇佐2859
交通／JR日豊本線「宇佐駅」から大分交通バス約10分「宇佐八幡」下車徒歩約8分
参拝時間／4～9月 5：30～21：00、10～3月 6：00～21：00
お守り授与時間／7：30～18：00
URL／usajinguu.com

願いがかなうクスノキ

祈祷殿の前に茂るクスノキは推定樹齢800年ともされる御神木。高さ約30m、幹回り約5mもの巨木。幹に触れ、祈願すれば願いがかなうといわれています。この木を含む神社の森は、国の天然記念物に指定されています

⛩ 一般的な参拝方法は二礼二拍手一礼という作法をとりますが、宇佐神宮では二礼四拍手一礼。この方法は島根県の出雲大社と同じです。宇佐神宮の境内の石段には夫婦石と呼ばれる石があり、カップルで踏むと幸せになるといわれています

第三章

「御利益別！」

開運神社のすごいお守り

番外編 ～レアお守り～

ここでは全国的にも珍しいお守りをご紹介。
ユニークな御利益のお守りだけでなく、唯一無二の形状や由来の授与品など、
とにかくレアなお守りを、たっぷりお見せします

方除パワーが楽しい旅をかなえてくれる

平安遷都の際、都の守護と国の安泰を願って創建
旅の災難を防ぎ、家相の凶を除いてくれる神様です

京都

城南宮【じょうなんぐう】

古くから吉凶と方位は密接な関係があると考えられていました。吉神のいる方位は吉方位、凶神のいる方位は凶方位とされ、それぞれの神ごとに規則的に移動します。例えば、旅先で嫌なことが起こるときなどは、凶方位に行ってしまったためかもしれません。そのような災いを除いてくれるのが方除です。平安遷都の際、都の守護と国の安泰を願って、平安京の南に創建された城南宮は方除の神様として有名です。家にも侵してはならない方位があり建築中はそれを避けられないので、京都周辺地域では新築の際に家相の心配を除く方除御札を頂くならわしがあります。日々の暮らしのなかで悪い方位に行くときにも、方位の障りがないように方除のお守りを身に付けていると安心ですね。

主祭神

国常立尊（クニノトコタチノミコト）
八千矛神（ヤチホコノカミ）
息長帯日売尊（オキナガタラシヒメノミコト）

方除のパワーみなぎる紋

神紋は太陽、月、星を組み合わせた「三光の御神紋」。全国的にも珍しい紋です。この紋は御祭神である神功皇后の御座船の旗印に由来します。昼夜の隔てなくあらゆる方向に輝きわたる方除のパワーを象徴しています

四季折々の風景が楽しめる神苑

神苑は昭和の小堀遠州とも呼ばれた天才作庭家・中根金作が作庭。平安・室町・桃山時代など5つのエリアに分かれ、それぞれに趣の異なる庭が観賞できます。しだれ梅や椿、藤、ツツジ、もみじなど四季折々に美しいお庭です

DATA

城南宮
創建／西暦794年
本殿様式／素木の三間社流造
住所／京都府京都市伏見区中島鳥羽離宮町7
交通／京都市営地下鉄烏丸線・近鉄京都線「竹田駅」から徒歩約15分
参拝時間／自由
お守り授与時間／9:00〜17:30
URL／www.jonangu.com

このお守りがすごい！

福銭御守　方除御守

方除の神社に伝わる珍しいお守り

開運招福祈願の「福銭御守」（800円）は銀銅2色の銭を重ねた珍しいもの。ほかに、身に付けやすい八角形の「方除御守」（800円）や玄武・白虎・青龍・朱雀の四神を刺繍した「御守」（各800円）などがあります

城南宮で定番のお守りは「方除御守」ですが、風水にちなんだ四神獣のお守りも珍しくおすすめです。4種類ありそれぞれ御利益が異なり、玄武は健康・貯蓄運、白虎は家内安全・商売運、青龍は発展・成功運、朱雀は繁栄・幸運などのお願いによいと考えられます

善知鳥神社【うとうじんじゃ】

災い、悪縁を水に流す

主祭神　宗像三女神（ムナカタサンジョシン）

社名にもなっているウトウという名の海鳥が御祭神のお使いです。この鳥は天空の神々と地上を結び、神々の神意を伝えるとされています。ウトウがお使いの神社は全国でここだけ。境内のうとう沼には弁天宮が祀られ、近くに龍神水があります。この水を頂くと海や水に関係する商売・仕事が繁昌するそうです。ウトウにちなんだお守りがあります。

このお守りがすごい！

善知鳥水守

全国でここだけ！ウトウのお守り

鳥のお守りは珍しいのですが、こちらは透明な球体の中に波に浮かぶウトウの親子が描かれています。動かすと球体の中でキラキラした紙片が舞い、ウトウがゆらゆら動き、とてもきれい。災いや悪縁を水に流し、良縁や平穏を招くお守り（800円）です

飲むと厄祓いになる水

龍の口から流れる水は龍神水と呼ばれる御神水。昔から、この水を取り、飲用にしたり、まいたりすると災いを除き、繁栄をもたらしてくれるとされています。境内には奥州街道終点記念の碑など史跡が点在しています

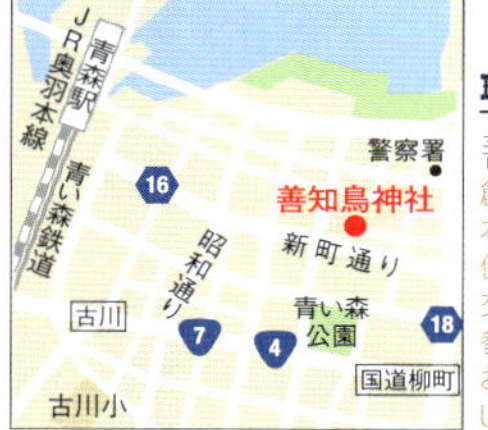

DATA

善知鳥神社
創建／807年（大同2年）
本殿様式／神明造
住所／青森県青森市安方2-7-18
交通／JR「青森駅」から徒歩約10分
参拝時間／自由
お守り授与時間／8:30〜17:30
URL／www.actv.ne.jp/~utou/

玉前神社【たまさきじんじゃ】

イライラや不安を静めてくれる

主祭神　玉依姫命（タマヨリヒメノミコト）

春分と秋分の日の、日の出の位置と玉前神社を結ぶ延長線上には富士山山頂、出雲大社が並んでいます。玉前神社は日の出の方位にあり、生命の誕生に深い関係があるパワースポットとして知られています。御祭神は女神で月の動きを司る神様。開運や縁結び、メンタルを穏やかにしてくれる力があります。珍しい麻のお守りをぜひ頂きましょう。

このお守りがすごい！

御珠守　月日守

珍しい麻のお守り

「御珠守」（1200円）は天然真珠入りのお守り。天然真珠なので、形がさまざま。人も欠点があるから魅力的という思いが込められています。「月日守」（1000円）は女性が生活のリズムを保ち、健康で過ごせるようにとの祈願が込められています。どちらも麻で作られている珍しいお守りです

「痛」気持ちいいパワスポ

本殿の左手に木々が茂り、注連縄が張られた小さな西山があります。この山の周囲をたどる道が「はだしの道」。裸足になり、時計回りに3周すると神様の気が頂け、エネルギーが充填できるといわれています

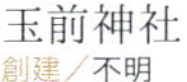

DATA

玉前神社
創建／不明
本殿様式／権現造
住所／千葉県長生郡一宮町一宮3048
交通／JR外房線「上総一ノ宮駅」から徒歩約8分
参拝時間／自由
お守り授与時間／8:00〜17:30
URL／tamasaki.org

善知鳥神社の近くの新町商店街は地元の名産品を扱う商店やレストランが並びます。玉前神社の境内にある子授けいちょうは、雄株、雌株、子株の3本の銀杏を雄、雌、子の順で触れると子宝に恵まれるといわれています

浅草寺起源の神社

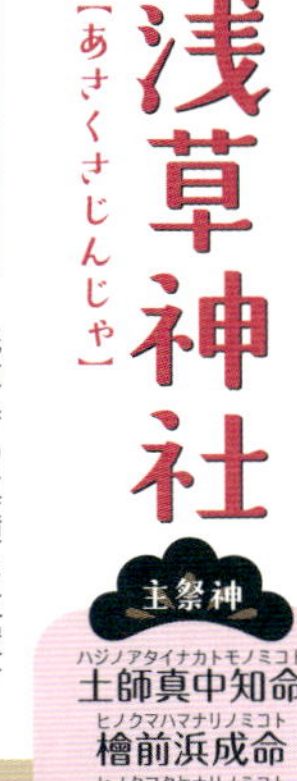

浅草神社
【あさくさじんじゃ】

浅草寺の真横に位置するのが浅草神社です。浅草寺の創立にかかわった3人を祀り、「三社様」と地元では呼ばれます。毎年、5月に行われる例大祭「三社祭」が有名です。徳川家光が建立した社殿は重要文化財。拝殿右にお守りを授与する授与所があります。あらゆる悩みを解決してくれる「大丈夫守」が、参拝者に人気です。

主祭神
土師真中知命（ハジノアタイナカトモノミコト）
檜前浜成命（ヒノクマハマナリノミコト）
檜前竹成命（ヒノクマタケナリノミコト）

縁結びの狛犬

鳥居をくぐった左手に夫婦狛犬があります。江戸時代初めのものと思われます。神社では寄り添い合うこの狛犬に良縁、恋愛成就、夫婦円満の願いを込めているそうです。縁結びのパワースポットになっています

このお守りがすごい！

大丈夫守

心配ごとがなくなるお守り

縁結び、招福、開運、仕事運、合格祈願などなど、あらゆる祈願に三社様のパワーでオールマイティに対応してくれます。ちょっと小さめサイズで黒地がクール。よく見ると紋様がそれぞれ違い、裏には社紋が配されています。500円

DATA
浅草神社
創建／約700年前
本殿様式／権現造
住所／東京都台東区浅草2-3-1
交通／東京メトロ銀座線・都営地下鉄浅草線・東武線「浅草駅」から徒歩約7分、つくばエクスプレス「浅草駅」から徒歩約10分
参拝時間／自由
お守り授与時間／9：00～16：30
URL／asakusajinja.jp

災いをうそに変える限定お守り

亀戸天神社
【かめいどてんじんじゃ】

学問の神様を祀り、合格祈願で有名ですが、毎年1月24日、25日には、「うそ替え神事」が行われ、この日限定のお守りが授与されます。「うそ」は幸運を招く鳥。知らず知らずについてしまったうそを真に変え、凶事を吉にしてくれる鳥と伝わります。神事では木彫りのうそを授与していただき、翌年、新しいものと交換します。

主祭神
菅原道真公（スガワラノミチザネコウ）

石碑に学業成就を祈願

本殿の手前に「鷽の碑」があります。「鷽」という字は「學」の字に似ていることから、学問の神様と関係があるとされ、学業成就のお守りにもなっています。うそ替え神事は文政3（1820）年から続く祭事です

このお守りがすごい！

うそ

限定のお守りを求め大行列に

木彫りのうそは檜で神職が1年をかけて、ひとつずつ手作りしており、初穂料は大きさによって変わり500～7000円。頒布は神事初日の8：30からで、早朝から列ができています。すべてのうそが授与し終えると神事は終了となります。凶事を吉に変えるお守りです

DATA
亀戸天神社
創建／1662年
本殿様式／唐破風八棟造
住所／東京都江東区亀戸3-6-1
交通／JR・地下鉄「錦糸町駅」から徒歩約15分、JR「亀戸駅」から徒歩約15分
参拝時間／自由
お守り授与時間／8：30～17：00
URL／kameidotenjin.or.jp

⛩ 浅草神社の境内末社に「被官稲荷神社」があります。正面の鳥居は幕末の町火消として有名な新門辰五郎が寄進したもの。就職・出世・商売繁昌に御利益があるとされます。毎年3月18日には大祭があり、各種芸能の奉納があります

ふりかかる災厄を祓う限定お守り

東京

素盞雄神社【すさのおじんじゃ】

主祭神
スサノオオオカミ
素盞雄大神
アスカオオカミ
飛鳥大神

平安時代、奇岩が光を放ち、神々が出現。その神々をお祀りしたのがこちらの神社の起源とされます。御祭神が姿を現されたのが4月8日と伝わり、毎年この日に疫神祭を行っています。疫神祭では江戸時代から伝わる桃のお守りを限定授与。桃は古くから邪気を祓う霊木とされ、身にふりかかる災厄を祓ってくれるお守りです。

このお守りがすごい！

白桃樹御守

期間限定の伝統的なお守り

4月1日は6：00～14：00、4月2日～8日は9：00～15：00まで社頭で授与されます。ふりかかる災厄から身を守るお守りで江戸時代は煎じて飲んでいましたが、現在では裏面に名前を書き、身に付けるか、神棚などにお祀りします。初穂料600円

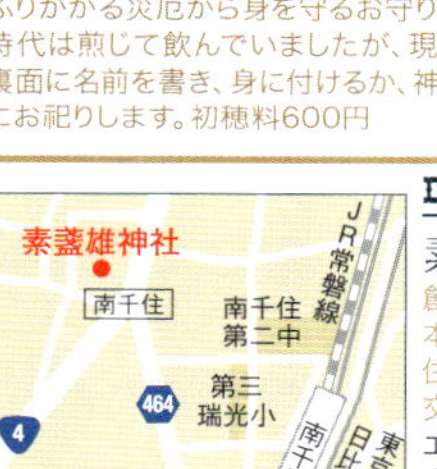

DATA

素盞雄神社
創建／795年（延暦14年）
本殿様式／権現造
住所／東京都荒川区南千住6-60-1
交通／東京メトロ日比谷線・JR常磐線・つくばエクスプレス「南千住駅」から徒歩約8分、京成線「千住大橋駅」から徒歩約8分、都電荒川線「三ノ輪橋駅」から徒歩約10分
参拝時間／6：00～17：00
お守り授与時間／9：00～16：00
URL／susanoo.or.jp

神社の起源の石

光を放ち、御祭神が出現したとされる奇岩は「瑞光石」と呼ばれ、境内に祀られています。鳥居を入ってすぐの手水舎に流れる水は地下140mから汲み上げられている御神水。飲用もでき、御祭神のパワーが頂けます

魂の方向を示し導いてくれる

東京

馬橋稲荷神社【まばしいなりじんじゃ】

主祭神
ウカノミタマノカミ
宇迦之御魂神
オオマトノヅノカミ
大麻等能豆神

注目のパワースポットは二の鳥居。昇り龍と降り龍の石像が巻き付いた鳥居で、このような様式の鳥居は東京都内に3つしかありません。鳥居に触れると運気がアップするとか、願いがかなうとか。お守りでは「四魂のお守り」がレア。神道では、魂には荒魂、和魂、奇魂、幸魂の4つの状態があるとされ、その魂をバランスよく保つことができるお守りです。

このお守りがすごい！

人間の魂に作用するお守り

古い日本の思想である4つの魂を表すお守りです。4種類のお守りの具体的な御利益は、荒魂は勝負に勝つ、和魂は社内・家族・夫婦円満、奇魂は病気平癒等、幸魂は成功や受験合格等を成就してくれます。現在の自分に必要なお守りを頂きましょう

DATA

馬橋稲荷神社
創建／鎌倉時代末期
本殿様式／銅板葺流造
住所／東京都杉並区阿佐谷南2-4-4
交通／JR中央線「高円寺駅」または「阿佐ヶ谷駅」から徒歩約8分、東京メトロ丸ノ内線「新高円寺駅」から徒歩約10分
参拝時間／6：00～19：00
お守り授与時間／8：30～18：00
URL／mabashiinari.org

都内最大の鈴に祈願

朱塗りの随神門の天井には大きな鈴が下がっています。これは「開運の鈴」。直径75cmの鈴で都内最大の大きさ。一説には鈴の下で願いごとをしながら手をたたき、音が鈴に反響したと感じたら願いがかなうとも

素盞雄神社は、ご祈祷もお守りもどれもこだわりを感じられます。また大祓のときに使う体をなでて災いを移す形代（かたしろ）は紙のものが一般的ですが、師走（12月）には古代の形式である木でできた形代が用意されています

神奈川

八方塞がりを打開してくれる

寒川神社

【さむかわじんじゃ】

人は生まれ年により運気が停滞することがあり、最も悪いときが八方塞がりです。八方塞がりのときや普段生活をしていくなかで地相・家相・方位などによって起こるあらゆる災難を取り除く御祈願を八方除といいます。寒川神社の御祭神は唯一の八方除・方位除の守護神として、江戸時代には江戸の裏鬼門を守る神として信仰されています。

主祭神

寒川比古命（サムカワヒコノミコト）
寒川比女命（サムカワヒメノミコト）

このお守りがすごい！

八方除守　八方除幸運を呼ぶ守

大難は小難に、小難は無難に そして吉事は最大に！

「八方除幸運を呼ぶ守」（800円）は袋型とカード型。御祭神の御座（座る場所）とされるハマゴウという植物をデザインしています。白は開運招福、紫は健康、赤は縁結び、青は成績向上、黄色は金運向上も祈願されています。「八方除守」（300円）は身に付けやすいサイズ

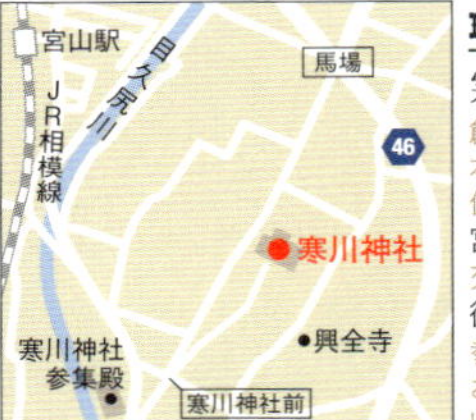

DATA

寒川神社
創建／不明
本殿様式／総桧造
住所／神奈川県高座郡寒川町宮山3916
交通／JR相模線「宮山駅」から徒歩約5分
参拝時間／6:00～日没
お守り授与時間／8:00～17:00
URL／samukawajinjya.jp

拝殿前に天体観測器と方位盤

拝殿右脇には方位盤、渾天儀（こんてんぎ）という八方除に関係するモニュメントがあります。渾天儀は古代中国から伝わった天体の観測器。龍は天空を支えるという故事にちなみます。方位盤からは鬼門の方向がわかります

福井

難関突破して未来を開く

金崎宮

【かねがさきぐう】

御祭神の尊良親王は片思いの女性に1000通ものラブレターを送り、障害を乗り越えて恋愛を成就させました。また、戦国時代、神社のある金ヶ崎は織田信長の浅井・朝倉攻めの舞台になったところ。戦いでは信長の妹・お市の方が信長の窮地を救いました。このような故事から恋と難関突破の宮と呼ばれ、難関突破守があります。

主祭神

尊良親王（タカナガシンノウ）
恒良親王（ツネナガシンノウ）

このお守りがすごい！

難関突破守

難関突破の御利益も、小豆入りも、珍しい！

お市の方は小豆を1粒入れ、両端を結んだ小袋を信長に届けました。これは挟み撃ちにされるという意味。その意味を知り、信長は難を逃れます。この故事にちなむお守りです

DATA

金崎宮
創建／明治26年5月
本殿様式／神明造
住所／福井県敦賀市金ヶ崎町1-4
交通／JR北陸本線「敦賀駅」からぐるっと敦賀周遊バス約18分「金崎宮」下車徒歩約5分
参拝時間／8:30～18:00
お守り授与時間／8:30～18:00
※時間は多少前後する場合あり
URL／kanegasakigu.jp

桜の木を交換する幸せな神事

4月初旬には約1000本の桜が咲き誇ります。この時期、開催されるのが「花換まつり」。これは授与所で「桜の小枝」を求め、福娘と交換、さらに友人、家族、見知らぬ人と交換します。交換するほど幸せが宿るそうです

⛩ 寒川神社の場所は、出雲大社と富士山を結んだ線上にあり、特別なエネルギーが宿るパワースポットといわれています。金崎宮は城跡のなかに鎮座しており、境内からは街が一望できる絶景スポットでもあります

レアお守り

伊奈波神社【いなばじんじゃ】

岐阜

水害を防ぎ、災いを除ける

神社の建つ地は揖斐・長良・木曽の三大河川の恩恵を受けると同時に洪水にも悩まされてきました。そこで土木、軍事に秀で、豊穣をもたらす御祭神をお祀りし、水難を防ごうとしたのでした。境内末社の黒龍社も水の神様で、以前からこの地に鎮座していたと思われます。「黒龍福成る守」は打ち鳴らして福を招く珍しいお守りです。

主祭神

五十瓊敷入彦命（イニシキイリヒコノミコト）

このお守りがすごい！

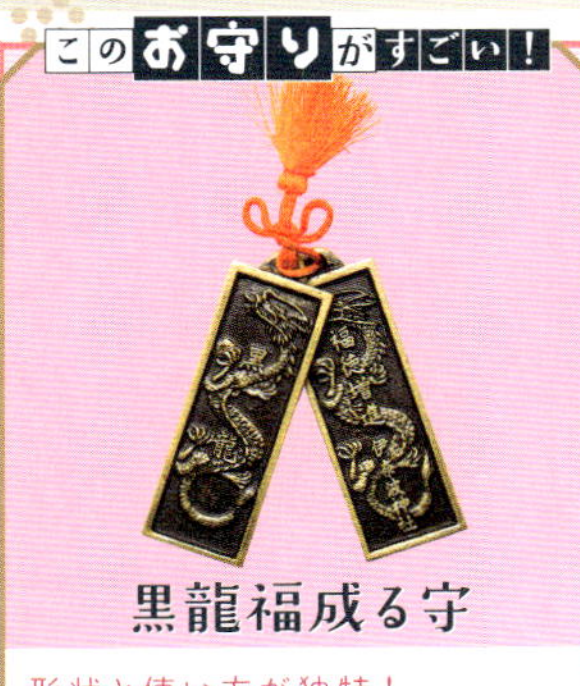

黒龍福成る守

形状と使い方が独特！

縦長の平たい金属板2枚のお守り（1500円）です。祈願を込めながらこの板をカチカチと打ち鳴らすと神様のパワーが増し、福徳が訪れ、運気アップにつながります。このほかにも黒龍社ゆかりのお守りに「願い叶う守」もあります

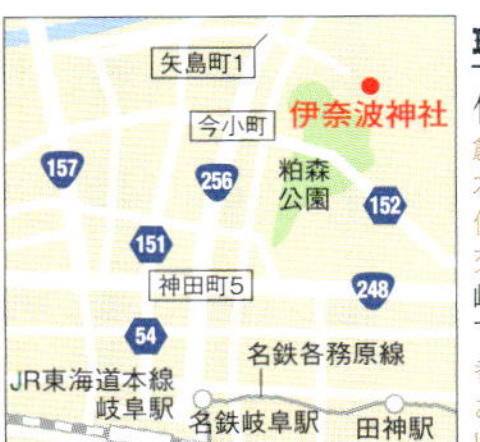

DATA

伊奈波神社
創建／84年
本殿様式／入母屋造銅板葺
住所／岐阜県岐阜市伊奈波通1-1
交通／JR・名鉄「岐阜駅」から岐阜バス約10分「伊奈波通り」下車徒歩約10分
参拝時間／自由
お守り授与時間／9：00～17：00
URL／inabasan.com

願いがかなうパワスポ

黒龍社はここ数年、あらゆる願いをかなえてくれる強力なパワースポットとして有名になっています。お賽銭箱の横に拍子木が置かれています。お参りはこの拍子木を打ち鳴らします。拝殿右手には龍頭岩があります

日根神社【ひねじんじゃ】

大阪

睡眠不足解消、安眠の神様

御祭神は夫婦神で安産や縁結びの神様。その昔、村人が子授け祈願に枕を奉納して、子どもに恵まれたことが「まくら祭」の由来とされます。この祭事は幟に飾り枕をつけて練り歩く珍しいお祭り。枕が眠りを連想させ、不眠に悩む人や病気平癒の参拝が増えたのだろうと伝わります。寝室の守護札や安眠を授けてくれるお守りがあります。

主祭神

鵜葺草葺不合命（ウガヤフキアエズノミコト）

玉依毘売命（タマヨリヒメノミコト）

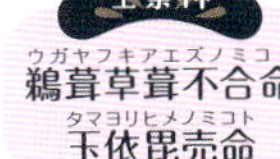

このお守りがすごい！

安眠御守　枕御守

不眠症改善や悪夢退散に

「まくら祭」で渡御する幟に飾られる枕の図案が織り込まれ、不眠症改善や悪夢退散など、安眠できるようにとの祈願が込められています（各500円）。使用している枕を持参してお祓いをする、不眠解消の御祈祷もあります

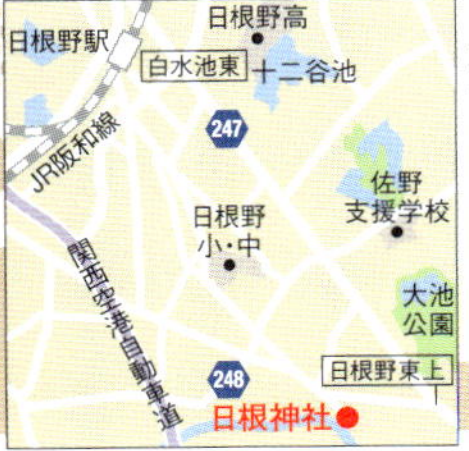

DATA

日根神社
創建／192年（仲哀天皇2年）
本殿様式／春日造
住所／大阪府泉佐野市日根野631
交通／JR「日根野駅」から南海バス約6分「東上」下車徒歩約1分
参拝時間／自由
お守り授与時間／9：00～17：30
URL／hine-jinja.jp

妊活中の人は必訪

本殿の左奥に「子授け石」がひっそりと立っています。建立の年代やどのような目的で建てられたか不明ですが、この石に祈願すると子どもに恵まれるといわれています。飾り枕を配した「子授御守」もあります

「枕」は、「真座（まくら）」あるいは「魂蔵（たまくら）」が語源といわれています。「真座」というのは「真」は神霊、「座」は神様が座る場所を示し、神様をお招きするために頭を乗せる場所という意味があります。「魂蔵」には「魂」を納めるための「蔵」という意味があるそうです

このお守りがすごい!

桃守り

宮司の手作りお守りは数量限定

桃は古来、病魔や災厄を寄せつけない力があるとされます。「桃守り」は桃の木を削ったお守り。袋の中にきれいな木彫りの桃が入っています。宮司が手作りしているので数に限りがあり、授与所にないときもあります。1000円

一生に一度の願いを聞いてくれる

大阪

堀越神社【ほりこしじんじゃ】

「堀越さんは一生に一度の願いを聞いてくれる神さん」と大阪で言い伝えられています。神社の建つ地は大坂冬の陣、夏の陣の古戦場。境内には徳川家康が戦勝を願い、危機を救われたという稲荷があり、開運スポットとされています。毎月50体限定の「勝守り」や邪気を払う「桃守り」などユニークかつ貴重なお守りがあります。

主祭神

崇峻天皇（スシュンテンノウ）

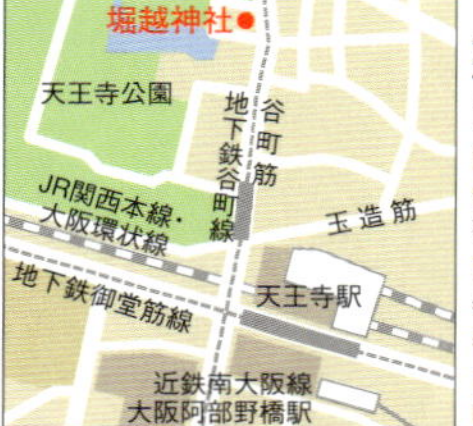

DATA

堀越神社
創建／593年　本殿様式／不明
住所／大阪府大阪市天王寺区茶臼山町1-8
交通／JR大阪環状線・地下鉄「天王寺駅」から徒歩約10分
参拝時間／7:00〜18:00
お守り授与時間／9:00〜17:30
URL／horikoshijinja.or.jp

御神木のパワー注入

参道右奥には「ちんたくさん」と呼ばれる太上神仙鎮宅七十二霊符尊神の社があります。その横に茂るのが樹齢550年ともされる御神木。神霊が宿るとされ、気力が落ちたとき、疲れたときに触れるとパワーが頂けます

このお守りがすごい!

勝守

何ごとにも勝つ力を与える

トンボは前にしか進まないことから、物事にあたって不退転の精神を表す勝ち虫ともいわれます。十字型の社殿の形式は入蜻蛉形式といいます。そこで必勝を願う「勝守」（700円）もトンボがあしらわれているというわけです

たった一言で問題解決

高知

土佐神社【とさじんじゃ】

御祭神の味鋤高彦根神は、大国主神の子で国土の開拓の神様、一言主神はひと言で問題を解決する神様として、武士や時の権力者から篤く信仰されてきました。社殿は本殿に向かって拝殿、幣殿を十字型に配置し、トンボが本殿に飛び込む形を表しています。これは縁起のよい勝ち虫とされているからです。お守りもトンボが刺繍されています。

御祭神

味鋤高彦根神（アジスキタカヒコネノカミ）

一言主神（ヒトコトヌシノカミ）

DATA

土佐神社
創建／5世紀後半
本殿様式／入母屋造（拝殿・幣殿は入蜻蛉様式）
住所／高知県高知市一宮しなね2-16-1
交通／JR土讃線「土佐一宮駅」から徒歩約15分
参拝時間／8:30〜17:00
お守り授与時間／8:30〜16:30
URL／www.tosajinja.i-tosa.com

神の降臨地の岩

本殿の右手には礫石という岩塊が祀られています。古代、土佐大神がこの岩を投げ、鎮座地を決めたと伝わり、神の降臨地として祭祀が行われていたと思われます。境内には杉や楠木の巨木があり御神木とされています

⛩ 堀越神社の境内社の熊野第一王子之宮は、「熊野詣」の出発地で、昔の参拝者はここから、熊野三山へ向かったとされています。またイザナギが黄泉の国から逃げ帰るときに追ってくるイザナミを、桃の実を投げ逃げ切ったことから、桃は魔除けに御利益があるとされています

お守り Column 神社

知っておきたい！

大祓（おおはらい）のすすめと大祓詞

部屋の掃除をしないといつの間にかホコリやチリで汚れてしまいます。私たちの心身もこれと同じ。
大掃除をするように大祓を受けて、罪や穢れから心身を清めましょう。
大祓であげる祝詞（神様へ申し上げる言葉）が大祓詞です。ここでは、どのような内容なのか紹介します。

初詣と同じくらい大祓も大事！

人間は神様と同じ清い心で生まれてきます。しかし、日々の暮らしのなかで、知らず知らずのうちに穢れてしまったり、悪いことを考えてしまったりして、徐々に神様の心と離れてしまいます。それでは災いを招いてしまいますので、ときどき祓って本来あるべき姿に戻り、清く明るく正しくあることが大切です。このような状態が神様と通じるためには必要だからです。

毎日の穢れや過ちを祓い、心身を清める神事が大祓です。大祓は多くの神社で6月末と12月末、年に2回行われています。

6月の大祓を「夏越（なごし）の祓」、12月の大祓は「年越の祓」と呼びます。多くの神社の大祓では、形代（人の形をした紙）で体をなで、息を吹きかけ自分の罪穢れを移したり、大祓詞を唱えたり、境内に作られた茅や藁の輪をくぐり、穢れや過ちを清めるのです。新たな気持ちで、これからの半年を過ごしましょう。

大祓詞とは

大祓で唱えられる祝詞が大祓詞です。現在の大祓詞は神様に申し上げるという形で、神前で唱えられます。穢れや罪を祓い、心身を清浄にする祝詞です。成立は平安時代以前とされ、一時、読み方さえ不明だった時代もありましたが、江戸時代に国学者により研究・解明されました。明治時代になり、一部を省略、現在に至っています。

大祓詞は大きくふたつに分けられています。前半は日本が成り立ち、時がたつにつれ罪穢れが発生し災いが起き始めたので、神様の世界と同じように清浄になるよう、祓いましょうという内容。後半はその罪穢れを神々がどのようにして祓っていくのかという内容です。この大祓詞を唱えることで、罪穢れが清められ、人間の本来あるべき美しい姿に戻り、魂が磨かれるとされます。

大祓詞　あらすじ

天上の高天原で大勢の神々が集まり、会議を開き、ニニギノミコトに豊葦原瑞穂国（トヨアシハラノミズホノクニ）（日本）を平和な国になるよう治めさせようと決めました。ニニギノミコトは従おうとしない神々を説得したり、追い払ったりしました。そして、国が平和になったので、地上に降臨し、大和を都とし、宮殿を建てました。しかし、時がたつにつれてさまざまな罪穢れが出現します。そのような場合には高天原で行われていた作法に則って天津祝詞（アマツノリト）の太祝詞（フトノリト）を唱えます。
このように唱えると高天原の神々は天上の宮殿の戸を開き、雲を押し分けて聞き届けてくださり、地上の神々は山々に登って聞き届けてくれます。これで罪は消えてしまうでしょう。風が雲を吹き払うように、港につながれている大船の綱が解かれて大海に放たれるように、茂った木を鎌で切り払うように、あらゆる罪は消えてなくなります。祓われた罪や災いは山々から勢いよく流れ落ち、セオリツヒメという女神が大海原に持ち去り、沖にいらっしゃるハヤアキツヒメがガブガブと飲み込み、イブキドヌシという神が根の国・底の国に吹き払い、ハヤサスラヒメが消してしまいます。こうして罪という罪が一切なくなって、祓い清められますよう、神々に慎んで申し上げます。

大祓詞の本文はこちらから特別にダウンロードできます→https://jinja.at/omamori/

あとがき

ここまで読んでいただき、ありがとうございます。

昔、私は神社やお守りにいろいろとお願いをしていました。
ところが参拝を重ね、お守りを頂くうちに、
「こうなったらよいな」ということが、
なぜか自然とよりよい形でまとまり、
今ではお願いすることが特になくなってしまいました。
神社やお守りに導かれているのかと感じることがたくさんあります。

この本も不思議な縁に結ばれ出版することができました。
この縁をひも解いていくだけで、
何世代も前の先祖のつながりまで遡ることができそうです。
私たちが生きている今は、はるかなる過去から
無限に続く未来の真ん中「中今（なかいま）」であるという神道の概念があります。
私たちは、神代からつながり、
そして未来に影響しながら、つながり続けます。
神社やお守りは、そのような縁を
さらに強く結びつけてくださるのかなと思います。
そして、多くの類書があるなか、
あなたとこの本を通じてお会いできたのも何かの縁だと感じます。
ぜひ神社やお守りを通じ、さまざまな縁を結び、

願いがかなえられることを、心より願っております。
わずかながらでも、この本にそのお手伝いができたとしたら、
これほどうれしいことはありません。
最後に、この本を出版するにあたり、さまざまな方にご尽力いただきました。
つたない原稿を読み、原稿に大きな手助けをしてくださった
ダイヤモンド・ビッグ社の今井歩様、宮田崇様、㈱ワンダーランドの馬渕徹至様、
小川美千子様、友人で編集者の樫原叔子様の熱意がなかったら、
この本は日の目を見ることがなかったでしょう。
またカメラマンの島崎雄史様、入交佐妃様、
取材とお守りの撮影などで大変なニーズに応えてくださってありがとうございます。
煩瑣な要望にも応えてくださったデザイナーの伊藤裕美様、
校正者の㈲トップキャット様には敬服いたします。
京都の俗習に見識高い岡冬樹様、
大阪の慣習について助言いただきました南大阪建材組合会長の坪内拓雄様、
朝日メディアブレーンの田中栄一様にはお世話になりました。
また、今回ご協力いただきました神社のご担当者様には大変お忙しいなか、
時間をとってご対応いただきまして誠にありがとうございました。
それから、妻の知江へ。夜遅くまで原稿へのアドバイスをありがとう。
この本に携わってくださってすべての方々にも、この場をかりてお礼申し上げます。

御朱印集めを始めるなら「地球の歩き方 御朱印シリーズ」!

＼全国、関東、関西の神社の御朱印本、好評発売中！／

御朱印と御利益が凄い神社を厳選し、
紹介しています。神社について知りたい方に
ぴったりのシリーズです。

各1300円+税

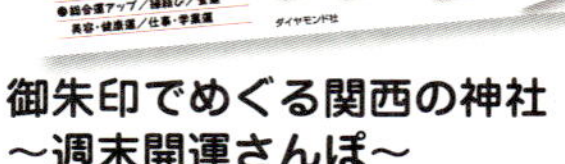

御朱印でめぐる関西の神社
～週末開運さんぽ～

御朱印でめぐる関東の神社
～週末開運さんぽ～

御朱印でめぐる全国の神社
～開運さんぽ～

さらに

御朱印や京都に関するコミックエッセイも発売中！著者独特の視点で旅先を案内するので、読みやすく、わかりやすいと好評です。

旅好きなイラストレーター柴田かおるさんが、御朱印帳片手に、神社を参拝。コミックエッセイでは初の、御朱印本です

御朱印はじめました
関東の神社週末開運さんぽ
柴田かおる

京町家育ちのてらいまきさんが描く京都の1年。謎の奇祭や穴場スポット、季節の絶品グルメなど、超ローカル情報満載！

きょうも京都で京づくし
てらいまき

既刊本のお知らせ

エリアシリーズ

①御朱印でめぐる
鎌倉の古寺
〈三十三観音完全掲載〉
改訂版
定価(本体1500円+税)

②御朱印でめぐる
京都の古寺
改訂版
定価(本体1500円+税)

③御朱印でめぐる
奈良の古寺
改訂版
定価(本体1500円+税)

④御朱印でめぐる
江戸・東京の古寺
改訂版
定価(本体1500円+税)

⑧御朱印でめぐる
高野山
定価(本体1500円+税)

⑩御朱印でめぐる
秩父
〈三十四観音完全掲載〉
定価(本体1500円+税)

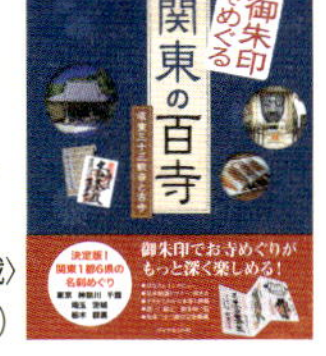

⑪御朱印でめぐる
関東の百寺
〈坂東三十三観音と古寺〉
定価(本体1500円+税)

凄いシリーズ

⑤日本全国
この御朱印が凄い!
第壱集　増補改訂版
定価(本体1500円+税)

⑥日本全国
この御朱印が凄い!
第弐集　都道府県網羅版
定価(本体1500円+税)

ツイッターもやってます!
@chikyu-gosyuin

Facebook　nice御朱印!

日本全国の『凄い御朱印!』

日本全国には、まだまだ知られていない
御朱印がたくさんあるはず。
そんな情報を交換したり、さまざまな
御朱印について語り合ったりする場です。
読者の皆さんの積極的な投稿、
情報提供をお待ちしています。

Facebookページで
「凄い御朱印!」

www.arukikata.co.jp/guidebook/books/　検索

[著者Profile]

中津川 昌弘（なかつがわ まさひろ）

「現代神社と実務研究会」理事、IT会社「エヌペーミネルヴァ株式会社」代表取締役、特定非営利活動法人「アンテンヌフランス」理事兼代表を務める。米国留学中に日本文化の重要性に気づき、帰国後、伝統文化や神社仏閣の研究を重ねる。「文化は経済の触媒」を活動のテーマとし、多数の雑誌等で執筆・講演のほか、『マツコの知らない世界』(TBS)、『ピエール瀧のしょんないTV』(SATV)等のTV番組に出演し、お守りや神社仏閣の魅力を紹介する。著著に『願いが叶う小さな神様 にほんのお守り』(徳間書店)などがある。

ウェブサイト：https://omamori-life.com/
Twitter：@omamori3
Facebook：@naka2gawa

日本全国 開運神社
このお守りがすごい！

2018年3月21日　初版発行

著者	中津川昌弘
発行所	株式会社ダイヤモンド・ビッグ社 〒104-0032　東京都中央区八丁堀2-9-1 編集部　TEL. (03) 3553-6667
発売元	株式会社ダイヤモンド社 〒150-8409　東京都渋谷区神宮前6-12-17 販売　TEL. (03) 5778-7240
印刷・製本	株式会社ダイヤモンド・グラフィック社
編集	馬渕徹至（株式会社ワンダーランド）
編集協力	小川美千子、樫原叔子（カシハラヒデコ事務所）、西澤悦子、西尾悠希
デザイン	midoriya design
イラスト	津久井美咲
撮影	島崎雄史、入交佐妃
写真	©iStock (P.2,3,104,124,125)
地図	齋藤直己（アルテコ）
校正	(有)トップキャット
プリンティング・ディレクション	向笠英雄（株式会社ダイヤモンド・グラフィック社）
編集・制作	今井 歩

ISBN978-4-478-82130-5